MIX
Papier aus verantwortungsvollen Quellen
Paper from responsible sources
FSC® C105338

Das glückliche Taschenbuch – Wünschen und Hypnose

Programmiere Dich auf erfolgreiches Wünschen

© 2011   Goran Kikic

ISBN: 978-3842-3817-66
Herstellung und Verlag:
Books on Demand Gmbh, Norderstedt

Covergestaltung: Valerija Golob (Printdesign-Golob@gmx.de)

Künstlerin (Cover): Lilli Reicheneder

Bildrechte: www.fotolia.de
happy smiley face button badge © *Michael Brown*
Hand with retro watch and chain isolated on white background © *Nikolai Sorokin*

Alle Rechte, insbesondere das Recht der Vervielfältigung und Verbreitung, sowie Übersetzung, vorbehalten. Kein Teil des Werkes darf in irgendeiner Form ohne schriftliche Genehmigung des Autors reproduziert, verarbeitet, vervielfältigt oder verbreitet werden.

Inhaltsverzeichnis

Impressum

Vorwort von Christian Reiland	7

Kapitel 1:
Ein HERZ-liches Hallo von Goran Kikic	9

Kapitel 2:
Wie wir uns täglich unsere Realität erschaffen	17

Kapitel 3:
Warum das Gesetz der Anziehung „funktioniert"	24
Wir sind nicht materiell, wir sind energetisch	25
Wir sind alle miteinander verbunden	29
Das Universum ist ein Hologramm	32
Die fraktale Natur des Universums	33
Aufmerksamkeit erschafft Realität	34

Kapitel 4:
Wie manifestiert man Wünsche?	35
Bist Du wunschbereit?	36
Wunschklarheit	37
Den Wunsch formulieren	39
Geheimhaltung	40
Imaginiere Deinen Wunsch	41
Wunschunabhängig bleiben	42
Überlasse das „WIE" dem Universum	44
Achte auf Hinweise	44
Handeln	45
Dankbarkeit	45
Sen Leben auf den Wunsch ausrichten	46
Was, wenn der Wunsch trotzdem unerfüllt bleibt?	47

Kapitel 5:
Die Macht des Glaubens	48

Kapitel...6:
Wie ich das Gesetz der Anziehung kennenlernte	55

Kapitel 7:
Wieso glauben wir nicht das, was uns glücklich macht?   61
Wir leben vorwiegend unbewusst   62
Wie ist die Qualität unserer Gedanken?   63
Destruktive Einflussquellen   66
Das Rosenthal-Experiment   68

Kapitel 8:
Was ist Hypnose überhaupt?   70

Kapitel 9:
Was Hypnose alles bewirken kann   72

Kapitel 9:
Ist Hypnose ein manipulativer Eingriff?   74

Kapitel 10:
Selbsthypnose   76

Kapitel 11:
Einleiten der Selbsthypnose   78

Kapitel 12:
Vertiefung der Selbsthypnose   80

Kapitel 13:
Rücknahme der Selbsthypnose   81

Kapitel 14:
Suggestionen formulieren   82

Kapitel 15:
Stärkung des Immunsystems   84

Kapitel 16:
Krisen überwinden   85

Kapitel 17:
Entspannung   87

Kapitel 18:
Regeneration 88

Kapitel 19:
Schmerzkörper 89

Kapitel 20:
Gewichtsreduktion 1 90

Kapitel 21:
Gewichtsreduktion 2 92

Kapitel 22:
Prüfungsangst 94

Kapitel 23:
Selbstbewusstsein 95

Kapitel 24:
Subliminal-CDs 96

Kapitel---25:
Meine Selbsthypnose 98
Spirit Unlimited 103
Der Wunschjob 104

Nachwort 106

Quellenverzeichnis 116

„Wenn es unmöglich ist, dann müssen wir es eben hypnotisch machen."

(Richard Bandler)

Vorwort von Christian Reiland

Autor von *EFT, LOA* und *Lass los und finde das Glück in dir*

"Unsere fortwährenden Gedanken erschaffen unsere Realität!"

Gary H. Craig, der Entwickler der Emotional Freedom Techniques (EFT) und einer meiner wichtigsten Lehrer, hat mit diesem Satz sehr gut beschrieben, welchen Einfluss unsere Glaubenssätze auf unser Leben haben.

An dieser Stelle wollte ich eigentlich kurz auf Glaubenssätze, ihren Einfluss auf unsere Grundschwingung und im Speziellen das Wünschen eingehen. Nachdem ich jedoch das Manuskript dieses Buches vor-gelesen habe, und Goran auf diese Punkte ausführlich und in „besser gehts nicht"-Art und Weise eingehen wird, lasse ich dies doch lieber.

Ein wenig „eigenen Senf" gebe ich natürlich doch dazu:
Glaubenssatzarbeit ist, meines Erachtens, die Königsdisziplin bezüglich Persönlichkeits-Entwicklung. Schon das Entlarven, Löschen und Ersetzen einer einzigen einschränkenden inneren Überzeugung, kann das Leben nachträglich zum Positiven verändern. 180 Grad-Wendungen sind dazu seltenst notwendig - ein, zwei Grad in die richtige Richtung zumeist vollkommen ausreichend, insbesondere auf lange Sicht.

Diese inneren „Wahrheiten" sind auch *nicht*, wie man vielleicht glaubt, in Stein gemeißelt. Offenheit für Veränderung und ein geeignetes Werkzeug sind die einzigen Voraussetzungen, um sie zu transformieren. Letztere gibt es viele, doch hat die Hypnose bzw. Selbsthypnose den Vorteil, dass sie genau da ansetzt, wo das Problem „begraben" ist - im Unterbewusstsein.

Um diesen Vorteil zu nutzen, kombinieren mittlerweile einige meiner Kollegen EFT mit Hypnose.

Besonders wertvoll finde ich, dass dieses Buch den Leser befähigt, Glaubenssatzarbeit, mit Hilfe der Selbsthypnose, in Eigenregie durchzuführen, was in dem einen oder anderen Fall, den Gang zu einem erfahrenen Hypnose-Therapeuten nicht ausschließen sollte.

Zum Schluss noch ein kleiner Tipp bezüglich Offenheit für Veränderungen: Vervollständige doch einmal folgenden Satz und sei ehrlich zu Dir selbst dabei:

„Veränderungen sind..."

Welches Wort beziehungsweise welche Wörter sind Dir als Erstes in den Sinn gekommen?

„Schei..., schmerzhaft, schwer, gefährlich...?"

Solltest Du einen Glaubenssatz entlarvt haben, der Veränderungen als etwas Negatives beschreibt, so ist dieser der Erste, mit dem Du arbeiten solltest.

Ich wünsche Dir viel Spaß und auch Erfolg mit diesem Buch!

Lebe lang und in Frieden

Christian Reiland
Seminarleiter, Coach und Autor
(seine bisherigen, im Goldmann-Verlag erschienenen Bücher, findest Du im Anhang auf Seite 122)

Ein HERZ-liches Hallo von Goran Kikic

Halloooooooo lieber Leser ☺,

HERZlichen Dank, dass Du Dich für das neue glückliche Taschenbuch interessierst, welches Dir dabei behilflich sein soll, Deine Wünsche wahr zu machen.

Ich persönlich bin aufgrund zahlreicher Eigenerfahrungen zu der Erkenntnis gekommen, dass man alles erreichen kann, was man sich vornimmt. Und so, wie es viele verschiedene Hilfsmittel gibt, um seine Herzenswünsche zu verwirklichen, so gibt es auch mehrere glückliche Taschenbücher, die meine Erfahrungen mit diesen Hilfsmitteln beschreiben. Wie meine Stammleser bereits wissen, muss man also keines meiner anderen Bücher gelesen haben, um dieses hier für sein Lebensglück nutzen zu können.

Mein Mitautor Mike Butzbach und ich haben seit der Veröffentlichung unseres gemeinsamen Bestsellers „Das glückliche Taschenbuch – Warum Wünschen kein Märchen ist" ein unglaublich großes Feedback erfahren dürfen. Dabei haben uns viele Leser gebeten, wir sollen das Thema „Wünschen und Hypnose" näher beleuchten, die beide zusammen kombiniert ein großartiges Werkzeug für ein glückliches Leben sein können. Und ich gehe einfach einmal davon aus, dass DU, lieber Leser, ebenso wie Mike und ich, glücklich sein willst, (sonst würdest Du nicht ein Buch mit dem Titel „Das glückliche Taschenbuch" lesen). Und Du willst nicht nur glücklich sein, Du willst <u>dauerhaft</u> glücklich sein. Dein Lebensglück soll Bestand haben, es soll frei sein von Zweifeln, inneren Ängsten, Blockaden und Unsicherheiten. Das ist es doch, wonach sich Dein, mein und unser aller Wesen sehnt. Na dann herzlich Willkommen, denn hier möchten wir aufzeigen, dass der Weg dahin weder lang noch schwer sein muss. Einstein hat einmal gesagt, wenn es eine Weltformel geben sollte, dann müsse sie zwei Punkte erfüllen: Sie müsse einfach und schön sein. Ich stimme Herrn Einstein da voll und ganz zu: Echte Lösungen sind meiner Meinung nach immer einfach und schön.

Kommen wir gleich zur Sache: Wir alle haben Wünsche und wollen diese realisieren. Doch oft fällt es uns schwer, an die Erfüllung unserer Wünsche zu glauben. Unser Glaube ist quasi „nicht wunschkompatibel" und bremst uns aus. Wir kennen das mehr oder weniger alle: Wir wollen eigentlich neue Wege gehen, stecken aber aufgrund eines ständig wiederkehrenden, unbewussten Denkschemas in einer Schleife immer wiederkehrender Erfahrungen fest. Manche Menschen schaffen sich so gewohnheitsmäßig immer wieder Situationen, die ihnen bekannt und vertraut sind – auch wenn das sehr unangenehme Situationen sind (z.B. ziehen sie immer wieder einen Partner an, der sie betrügt oder der sie schlägt – sie wiederholen das gleiche Trauma). Sie pflegen ihren „Glaubenssatz-Kreislauf" und stärken ihn somit (und damit natürlich auch die daraus entstehende Wirklichkeit, doch dazu gleich mehr).

Wie schaut es bei Dir aus, lieber Leser? Erkennst Du bei Dir vielleicht immer wiederkehrende Situationen in Sachen Gesundheit, zwischenmenschliche Beziehungen oder Finanzen, die Dir Probleme bereiten? Das wollen wir ändern.

Glaubenssätze spielen eine Hauptrolle in unserem Leben, und auch bei der Erfüllung unserer Wünsche, denn sie bestimmen unsere Gedanken, Gefühle, Entscheidungen, Worte und Taten. Und somit sind sie **LEBENSWICHTIG,** denn unsere Gedanken und Gefühle sind laut dem Gesetz der Anziehung schöpferische „Schwingungen" und erzeugen unsere Lebensumstände. Das Leben, welches wir täglich erleben, ist nach diesem Naturgesetz nichts anderes, als ein Abbild unserer inneren Überzeugungen. Alles, was wir heute erleben (Beziehungskrise, Autounfall, Beförderung im Job, Krankheit, Lottogewinn usw.), ist die Folge von Glaubenssätzen, die unsere realitätsschaffende Schwingung bestimmen. Jeder einzelne Glaubenssatz ist ein Baustein unserer Realität und alle zusammen prägen unsere Lebenserfahrungen (Näheres zum Gesetz der Anziehung im nächsten Kapitel).

„Unsere Glaubenssätze sind es, die zuerst unser Bewusstsein beeinflussen, dann unsere Wahrnehmung, dann unsere Gedanken und Gefühle, und zuletzt schließlich die äußere Wirklichkeit. Das Leben ist 'so und so', weil wir 'so und so' sind!" (Goran Kikic)

„Es ist einzig und alleine die Denkstruktur, die sich aus den Glaubenssätzen, den Identifikationsmustern und den Prägungen zusammensetzt, die darüber entscheidet, ob wir glücklich sind und ob wir alles erreichen, was wir möchten." (Thomas Klüh)

Haben wir erst einmal verstanden, dass unsere Glaubenssätze und Überzeugungen entscheidend sind für unsere Lebensumstände, halten wir bereits den Schlüssel zu unserem Wunschleben in der Hand.

„Wenn wir wirklich anerkennen, dass unsere Überzeugungen derart mächtig sind, haben wir den Schlüssel zur Freiheit gefunden." (Bruce Lipton)

„Unser ‚Glücklichsein' schlummert tief in uns, in unseren Überzeugungen." (Unbekannt)

„Alle persönlichen Durchbrüche beginnen mit einer Änderung unserer Glaubensmuster." (Anthony Robbins)

„Aufgrund bestimmter Ereignisse in unserem Leben kommen wir zu verallgemeinernden Überzeugungen, und diese Glaubenssätze verstärken sich zum gegebenen Zeitpunkt ganz von selbst." (Chuck Spezzano)

Es geht in diesem Buch darum, sich quasi auf Glück zu programmieren und seinen Glauben **selbst** zu bestimmen, ihn quasi auf „Wunscherfüllungen" bzw. auf ein glückliches Leben auszurichten.

Ob das wirklich funktioniert?

UND WIE das funktioniert, lieber Leser!!!

Sehen wir uns dazu erst einmal an, was Glaubenssätze eigentlich sind. Sie sind so eine Art Torwächter oder auch Filter vor unseren Augen, die unsere gesamte Wahrnehmung beeinflussen (indem sie das Gesehene einfärben oder komplett ausblenden). Ohne Ausnahme alles, was wir als unsere Realität betrachten, ist nichts anderes als die „Interpretation" dieser unserer Filter. Albert Einstein sagte bereits, dass wir die Welt nicht so wahrnehmen, wie sie tatsächlich sei, sondern so, wie unsere Methoden der Wahrnehmung sie darstellen. Etwa 5% von dem, was unsere Sinne wahrnehmen, gelangt durch unsere Filter, 95% bleiben draußen, weil es gegen unser bestehendes Weltbild verstößt. Mit anderen Worten: Wir führen ein fünfprozentiges Leben.

Meist sind wir uns unserer Glaubenssätze gar nicht bewusst, weil sie so selbstverständlich sind und wie ein unbewusster, heimlicher Reflex zum Ausdruck kommen. Was die ersten 25 Jahre meines Lebens betrifft, so könnte man diese mit dem Satz „denn er wusste nicht, was er tut" beschreiben, denn ich lebte unbewusst und war „glaubenssatzgesteuert" (das sind wir immer, aber es waren einschränkende, nicht selbst gewählte Glaubenssätze).

Leider glauben zahlreiche Menschen (ebenso wie ich vor einigen Jahren), dass sie kein Lebensglück verdient haben, dass sie machtlos und ein Spielball höherer Mächte sind. Und genau das ist der Hauptgrund dafür, warum so viele Menschen es nicht schaffen, ihre Wünsche zu verwirklichen. Es liegt an solchen im Unterbewusstsein verankerten, destruktiven Glaubenssätzen (man kann auch sagen: Glücksblockade-Programmen). Sie sind wie Sand im Getriebe eines Motors. Diese Denkschienen stehen oft TOTAL im Widerspruch zu dem, was wir uns wünschen. Und Wünsche gehen NUR dann in Erfüllung, wenn keine (meist UNBEWUSSTE) Gegenkraft im Weg steht. Das ist wichtig zu wissen, denn was sich in unserem Unterbewusstsein abspielt, bestimmt hauptsächlich unsere Wirklichkeit. Der bewusste Verstand ist um ein Vielfaches kleiner als das Unbewusste. Alles, was wir uns bewusst ausdenken oder wünschen, kann von unserem Unbewussten vollkommen verworfen werden, da seine Kapazitäten weitaus größer sind. Im Klartext: Wenn wir ganz bewusst einen Wunsch haben und ihn verwirklicht sehen möchten (z.B. den Wunsch nach einer Liebesbeziehung), dieser Wunsch aber unseren Programmen im Unterbewusstsein widerspricht (z.B. weil man sich für unattraktiv hält), dann zieht der bewusste Wunsch bei diesem „Duell" ganz klar den Kürzeren.

Wie sehr unbewusste Gedanken unser Leben steuern, möge auch das folgende Beispiel veranschaulichen: Der unbewusste Glaubenssatz krank zu werden, kann den Körper krank machen, wie die moderne Psychosomatik bewiesen hat. Dabei ist der betroffene Mensch sich nicht über die Wirkung des „unbewussten Krankheitswunsches" im Klaren. Befragt man ihn, so wird er höchst wahrscheinlich sagen, er wäre lieber gesund. Und dennoch ist er mittels seiner Gedanken und Gefühle der eigenverantwortliche Verursacher seiner Krankheit. Oder nehmen wir einmal Menschen, die stottern. Das Stottern hat (meist) keine physische Ursache, die Leute stottern, **weil sie unbewusst davon überzeugt sind**, dass sie stottern. „Wünschen", „schöpfen", „manifestieren" findet also größtenteils unbewusst statt und durch die Pflege unbewusster, vertrauter, meist schädlicher Glaubenssätze machen wir diese zu unserer (schädlichen) Schöpfungsidee.

Halten wir uns das bitte noch einmal deutlich vor Augen:
Aus unserem Unterbewusstsein (oder auch Unbewussten) wirken unsere Glaubenssätze und die damit einhergehenden realitätsschaffenden Schwingungen. Das größte Kapital sind somit positive Glaubenssätze, mit denen wir uns wohl fühlen und die „automatisch" bzw. unbewusst für positive Lebensumstände sorgen.

Alles klar soweit? Kaum verändern wir unsere geistigen Gewohnheiten, verändern sich automatisch Dinge in der Außenwelt, weil sich unsere energetische Signatur geändert hat. Wir ziehen andere Menschen in unser Leben, gehen anderen Themen nach, lesen neue Bücher usw. Hast Du positive Glaubens"schätze" erst einmal auf Deinem Betriebssystem namens Unterbewusstsein installiert, lieber Leser, wirst Du selbst erfahren, wie schön, unbeschwert und erfüllend das Leben sein kann. Du wirst den Unterschied erleben zwischen einem fremdbestimmten und einem wirklich selbstgewählten und glücklichen Leben.

„Es ist eine ganz simple Formel: Negative Glaubenssätze führen zu negativen Lebensumständen. Positive Glaubenssätze führen zu positiven Lebensumständen." (Mike Butzbach)

„Man muss es so einrichten, dass einem das Ziel entgegen kommt." (Theodor Fontane)

Innere Überzeugungen ändern klingt schwer? Nur keine Sorge. Grundsätzlich ist es für jeden Menschen möglich, seine Glaubensmuster (manchmal sogar in Sekundenbruchteilen) zu verändern (oder glaubst Du noch an den Weihnachtsmann wie zu Kinderzeiten?). Es spielt dabei überhaupt keine Rolle, wie lange wir eine bestimmte Überzeugung schon in uns tragen und wie gefestigt sie zu sein scheint. Es ist auch egal, was für eine Kindheit wir hatten und in welchem Umfeld wir aufgewachsen sind, Tatsache ist und bleibt, dass sich alles transformieren lässt, dass man alle Überzeugungen hinterfragen, relativieren und ersetzen kann (es sind ja alles nur austauschbare Programme). Es ist nur eine Frage des Erkennens und es ist weder schwer noch leicht, es ist individuell und jeden Tag schaffen es zahlreiche Menschen immer wieder, neue Einsichten zu gewinnen. Wir alle machen das schon ein ganzes Leben lang.

„Alles ist möglich, alles ist veränderbar." (Harald Wessbecher)

„Jede Gewohnheit lässt sich ändern." (Salman Rushdie)

„Es ist NIE, NIE, NIE zu spät, das zu werden, was man hätte sein können." (Unbekannt)

Hast Du schon einmal erlebt, wie ein anderer Mensch ganz fest an etwas Bestimmtes geglaubt hat, seinen Irrtum später dann aber eingesehen und daraus einen Nutzen für sein Leben gezogen hat? Oder wie jemand eine andere Person nicht mochte, sie später dann näher kennenlernte und sich mit ihr anfreundete (nicht die Person änderte sich, sondern der Glaubenssatz über diese Person). Nun, was anderen Menschen passieren kann, kann auch uns widerfahren, lieber Leser, und das ganz bewusst und selbst gesteuert.

Mein Motto lautet: In einem selbstbestimmten und wirklich freien Leben haben Negativprägungen, fremdbestimmte Ansichten, innere Blockaden und mentale Sperren, die dem Lebensglück entgegen stehen, einfach keinen Platz - also werden wir sie auf Nimmerwiedersehen entsorgen. Stelle Dir dazu vor, wir würden unsere Kleidung wechseln. Jene Kleidung (Glaubenssatz), welche uns nicht mehr gefällt und uns zu eng geworden ist, wird ausgezogen, jene Kleidung (Überzeugung), die uns zusagt und uns nicht einengt, wird angezogen. Ist Dir das zu einfach? Nun, mir erschien es vor Jahren auch als zu einfach, um wahr sein zu können, bis ich auf das Phänomen Hypnose stieß (ich könnte stundenlang ein Lied davon singen ☺). Als Autor dieses Buches habe ich mich sehr lange und sehr intensiv mit diesem faszinierenden Thema auseinandergesetzt. In der Hypnose erkannte ich das „Hilfsmittel", mit dem sich förderliche Glaubenssätze schnell und wirkungsvoll bewerkstelligen lassen. Damals ahnte ich noch nicht, wie sehr mein Lebensglück durch diese „Entdeckung" wachsen würde.

Mein guter Freund und Autorenkollege Mike, der u. a. Hypnotiseur ist, schien immer ausgeglichen und in seiner Mitte ruhend zu sein, sein Leben verlief größtenteils erfolgreich, er wusste immer ganz genau, was er wollte und er glaubte an sich. Das brachte mich dazu, mich zu fragen, was er denn anders macht als ich. Die Antwort liegt auf der Hand: Er benutzte Hypnose, um seine Glaubenssätze zu identifizieren, die glückshinderlichen aufzulösen und sich die glücksförderlichen „einzuprogrammieren". Dadurch gewinnt man eine völlig neue, positive Perspektive, erlebt sich und die Welt neu, und kommt in die Lage, das Leben nach eigenen Vorstellungen zu gestalten, völlig frei von fremden Anschauungen und Meinungen.

Wir werden auf das Thema Hypnose und ihre Wirkung auf unseren schöpferischen Glauben im Laufe des Buches näher eingehen, aber ich möchte Dich jetzt schon Mal ein wenig einstimmen auf ihre Effektivität: Wenn man z.B. einen Menschen hypnotisieren und ihm suggerieren würde, er hätte Alkohol getrunken (obwohl es nur Mineralwasser war), so würde er sich nach ein paar Gläsern so verhalten, als wäre er tatsächlich betrunken. Würde die hypnotisierte Person in ein Teströhrchen blasen, so würde sich dieses verfärben. Unglaublich, aber wahr!!! Dies wurde vor einigen Jahren auf der Funkausstellung in Berlin demonstriert. Das ist natürlich nur ein winziger Bruchteil dessen, was noch alles möglich ist. Hypnose macht es tatsächlich möglich, die Wirklichkeit umzugestalten.

Kannst Du Dir vorstellen, lieber Leser, welchen positiven Einfluss Hypnose haben würde, wenn wir sie regelmäßig dafür einsetzen würden, um unseren Glauben an die Erfüllung all unserer innersten Wünsche zu verstärken!?! Was würden wir wohl alles verwirklichen können, wenn wir durch Hypnose mindestens zehn neue, förderliche Glaubenssätze pro Jahr in uns etablieren würden!?!

Es sind inzwischen schon einige Jahre vergangen, seit ich meine erste Hypnosesitzung besuchte. Seitdem hat sich mein Leben grundlegend zum Guten verändert und eine Wunscherfüllung jagt die nächste. Ich fing im Grunde ein völlig neues Leben an, mein neues Selbst- und Weltbild waren so beschaffen, dass sie mir gut taten.

Ein weiterer schöner Nebeneffekt davon ist: Je positiver unsere Glaubenssätze sind, umso mehr Endorphine werden im Gehirn ausgeschüttet, die unser Wohlbefinden steigern.

Hypnose ist für mich seit damals zu einem echten „Lebens-Mittel" geworden. Einem Mittel, mit dem ich innere Hürden (Ängste, Phobien, mangelndes Selbstvertrauen, Unentschlossenheit u. v. m.) überwunden und mir eine zuversichtliche Sichtweise angeeignet habe. Ich wurde mutiger, lebensfroher und ausgeglichener, und bewältige meinen Alltag besser, ich erlangte mehr Unabhängigkeit im Leben, verdiene seit damals mit den Beschäftigungen mein Geld, die mir Spaß machen (ich schreibe Bücher, gebe Coachings, nehme CDs auf, bereite ein Online-Seminar vor …), habe jeeede Menge Freizeit und fühle mich sauwohl dabei. Kurzum: Ich lebe das Leben meiner Träume, denn (fast) alle meine bisherigen Wünsche sind in Erfüllung gegangen!!!

Wenn ich heute darüber nachdenke, ob ich all die Wunschzustände in meinem Leben so schnell und einfach ohne Hypnose erreicht hätte, dann lautet die Antwort dazu ganz klar: NEIN!!! Ich hätte nicht die Erkenntnisse, die Entschlossenheit, das Selbstvertrauen und diese innere Stabilität intus gehabt, die ich dank der Hypnobehandlung meines Inneren erreicht hatte (auf diesem Wege noch einmal ein dickes DANKE SCHÖN an meinen guten Freund Mike ☺). Es geht selbstverständlich auch alles ohne Hypnose, aber es kann bisweilen wesentlich mehr Zeit in Anspruch nehmen.

Lieber Leser, ich weiß wie es sich anfühlt, wenn man eine innere Wandlung durchlebt hat, frei von destruktiven Vorstellungen wird, seine Wünsche manifestiert und plötzlich alles wie am Schnürchen läuft. Und ich kenne den Weg, der (mich und viele andere Menschen) dahin geführt hat. Und dieses Wissen möchte ich gerne an Dich weitergeben, damit auch Du Dich von destruktiven Prägungen frei machen kannst und Deine Wünsche verwirklichst.

Die Frage, die sich hierbei stellt, lautet: WILLST DU DAS? Hörte ich gerade ein „JA"? Dann bedarf es keiner einführenden Worte mehr. Wie man sich sein Wunschleben erschaffen kann, erklären Mike Butzbach und ich Dir auf den folgenden Seiten. Zahlreiche Anwendungsbeispiele werden Dir dabei helfen, Dein Leben auf Glückskurs auszurichten. Ich wünsche Dir viel Freude und zahlreiche Einsichten beim Lesen des neuesten glücklichen Taschenbuches, und natürlich auch bei der Umsetzung der einzelnen Übungen.

Doch legen wir zuerst los mit dem „Gesetz der Anziehung".

Achte auf Deine Gedanken und besonders auf Deine Gefühle, denn sie werden Dein Schicksal!

Wie wir uns täglich unsere Realität erschaffen

(geschrieben von Goran Kikic)

„Unser Geist ist es, der unsere Welt erschafft." (Dalai Lama)

Wenn Du noch nie zuvor vom Gesetz der Anziehung gehört oder gelesen hast, darf ich Dich bitten, offen zu sein und alle bisherigen wissenschaftlichen, religiösen, kulturellen und sonstigen Sichtweisen außen vor zu lassen. Sei einfach ein Mensch, der bereit ist, etwas Neues zu erfahren, was ihm von großem Nutzen sein kann.

Als ich das erste Mal über dieses großartige kosmische Naturgesetz stolperte, hat es mein Leben von Grund auf zum Guten verändert. Ich setze mich mit diesem Thema nun schon ein paar Jahre auseinander und genieße jede Sekunde daran.

Beim Gesetz der Anziehung geht es um die Macht unserer Gedanken und Gefühle - um ihre Macht, unser Leben zu gestalten. Dass unsere Gedanken und Gefühle uns beeinflussen, ist nichts Neues. Sie wirken auf unseren Herz- und Pulsschlag, unseren Blutdruck, unsere Muskelspannung, Speichelproduktion, unsere Darmaktivität, Körpertemperatur, Atemfrequenz und vieles mehr ein. Unsere Einstellung zum Leben prägt sogar unsere Gesichtszüge. Je realer uns Gedanken vorkommen, d. h. je mehr wir an sie glauben, umso stärker ist ihr Einfluss (man denke hierbei an Menschen, die schweißgebadet aus einem Albtraum erwachen, weil sie den Traum für wahr hielten). Doch das ist laut dem Gesetz der Anziehung bei Weitem nicht alles. Unsere Gedanken und Gefühle wirken auch außerhalb unseres Körpers. Jedes Denken und Fühlen leitet einen Schöpfungsprozess ein und erschafft das, was wir Realität nennen.

„Es gibt keinen Gedanken in irgendeinem Kopf, der sich nicht rasch in irgendeine Macht verwandelt." (R.W. Emerson)

Es gibt Hinweise in der Geschichte zahlreicher Völker, in Sagen und Überlieferungen, die immer wieder auf verschiedene Weise von der realitätsschaffenden Macht unserer konzentrierten Gedanken und Gefühle berichten. Z.B. besagt ein buddhistisches Mahayana-Sutra: „Realität existiert nur, wo der Geist seinen Fokus hinrichtet." Die einstimmige Aussage aller Überlieferungen lautet stets: Denken, glauben und fühlen bedeutet KREIEREN, ERSCHAFFEN oder auch einfach INS LEBEN ZIEHEN!

„Unser Fühlen und Denken von heute ist unser Schicksal von morgen!" (Erwin Ringel)

Demnach gibt es nur einen Schöpfer für unser Leben: UNS SELBST! Nicht die Umstände, die Götter, die Sterne, der Zufall, das Schicksal oder andere Menschen bestimmen, was möglich und was unmöglich ist, sondern einzig und allein wir. Ist das nicht echt klasse!?

„Du selbst bist es, der diese Welt erschafft. In jedem Augenblick." (Gautama Buddha)

Das Gesetz der Anziehung sagt aus, dass Gleiches immer Gleiches anzieht und Ungleiches abstößt – und zwar immer und überall. Unsere ausgesandten Schwingungen ziehen demnach gleiche und verwandte Schwingungen an (wie heißt es doch so schön: Jeder Topf findet seinen Deckel), und stoßen ungleiche Schwingungen ab. Je mehr gleiche Schwingungen sich verbinden, desto stärker schwingen sie und manifestieren sich in Form von Lebensumständen. Diese können, je nach Beschaffenheit unserer Gedanken und Gefühle, alles Mögliche beinhalten: Glück oder Pech, liebevolle oder hasserfüllte Menschen, materiellen Gewinn oder Verlust, Gesundheit oder Krankheit – oder von allem etwas. Mit anderen Worten: Alles, was wir glauben, denken und fühlen, hat eine „physische" Auswirkung und wird von uns „geerntet". Bereits der Volksmund sagt uns, dass man das erntet, was man zuvor gesät hat, oder dass es aus dem Wald so heraus schallt, wie man zuvor hinein gerufen hat. Es gibt also immer eine Ursache und eine (Aus-)Wirkung, es findet stets ein Ausgleich statt. Unser ganzes Leben dreht sich im Grunde um nichts anderes, als um unsere eigene energetische Schwingung, die wir permanent ausstrahlen.

Wenn wir nicht belogen oder betrogen werden wollen, dann sollten wir auch niemanden belügen und betrügen (auch uns selbst nicht). Wollen wir anerkannt und freundlich behandelt werden, dann sollten wir anerkennend und freundlich anderen Menschen gegenüber sein (und natürlich auch zu uns selbst). Denken wir liebevoll, ziehen wir Liebe an. Das Leben kann nur schön, liebevoll und lebendig sein, wenn wir selbst innerlich schön, liebevoll und lebendig sind. Denken wir hingegen wuterfüllt, ziehen wir Wut an. Mit destruktiven Glaubenssätzen ziehen wir Menschen an, die dieser Destruktivität entsprechen (wer austeilt, darf auch einstecken). Dem Leben bleibt nichts anderes übrig, als uns das zu liefern, was wir gedanklich und gefühlsmäßig in Form einer Schwingung „bestellt" haben. Ist unser innerer Zustand disharmonisch, ist es auch unser Körper und er wird früher oder später krank. Sind wir seelisch ausbalanciert, wird auch unser Body im Gleichgewicht sein. Je geringer wir von uns denken, desto geringer werden wir. Je schöner unser Selbstbild ist, umso schöner wird das eigene Leben. Was wir jemandem zufügen (ob gedanklich oder physisch), werden wir früher oder später selbst erleiden müssen. Jeglicher Hass, jede Wut und jeder sonstige negative Gedanke gegenüber anderen Menschen sind demzufolge selbstzerstörerisch, da alles auf den Absender solcher Gedankenschwingungen zurück fällt und er seine „eigene Medizin" am eigenen Leib schmecken darf. Diese Beispiele könnte man endlos weiterführen.

„Was Du nicht willst, das man Dir tut, das füg' auch keinem andern zu!" (Sprichwort)

Die von uns erlebte Außenwelt entspricht also immer dem, was wir selbst innerlich sind, sie ist immer unser Spiegel. Denken wir hierbei an unseren Schatten. Gehen wir in der Sonne spazieren, dann folgt uns unser Schatten. Was immer wir auch machen, unser Schatten macht immer alles analog zu unserem Körper. Und so reagiert auch das Leben immer analog auf unsere Gedanken und Gefühle (jedoch im Gegensatz zum Schatten zeitversetzt). Das Leben hat immer recht, es lügt nie, seine Sprache sind unsere Lebensumstände.

„Mein Leben ist meine Botschaft." (Gandhi)

Es können also immer nur die Erfahrungen, Dinge und Menschen in unser Leben kommen, die unserem Inneren entsprechen und die uns das Leben reflektiert, für die wir (schwingungsmäßig) also eine innere Resonanz besitzen (anstelle von „Gesetz der Anziehung" sagt man deshalb auch „Gesetz der Resonanz"). Achten wir also stets auf unsere Schwingung. Wie genau macht man das? Ganz einfach: Positive Gefühle signalisieren uns, dass wir positiv schwingen, und negative Gefühle, dass wir negativ schwingen. Sie sind ein zuverlässiger Indikator für unseren Schwingungszustand, ohne sie wären wir ziemlich ratlos.

Unsere Gefühle sind zugleich auch eine Aufforderung zu handeln. Entweder um eine niedrige Schwingung zu harmonisieren, oder wenn sie bereits auf dem Harmonie-Level ist, sie zu bewahren und gezielt auszurichten. Ein Beispiel zur Veranschaulichung: Wir haben ein bestimmtes Problem (z.B. eine unbezahlte Rechnung), welches uns schlaflose Nächte beschert. Ständig denken wir daran und fühlen uns verzweifelt. Kein Wunder, denn wir befinden uns auf der „Schwingung des Problems" und in dieser Schwingung kann man sich nicht wohl fühlen, auf dieser Schwingung werden 24 Stunden lang am Tag „Probleme, Sorgen und Ängste" gesendet. Wir werden solange keine Lösungen anziehen können, solange wir auf dieser Problemfrequenz bleiben.

„Kein Problem kann durch das Bewusstsein gelöst werden, das dieses Problem geschaffen hat." (Albert Einstein)

Lösungen lassen sich nur dann anziehen, wenn wir in Lösungen denken. Das ist reine Logik: Ein Radiosender, der auf UKW eingestellt ist, kann auch keine Sendungen auf MW oder LW empfangen. Man kann nur das anziehen, was auf derselben Schwingungsfrequenz liegt.

Und in welcher Schwingungsfrequenz wir uns befinden bzw. wie wir Lebenssituationen wahrnehmen, entscheidet sich in unseren Glaubenssätzen. Wir alle können nur die Bereiche der Wirklichkeit wahrnehmen, die unseren Überzeugungen entsprechen (ob Probleme oder Lösungen).

Du, lieber Leser, glaubst daran, dass es möglich ist, das eigene Leben glücklich(er) zu gestalten, denn sonst hättest Du nicht dieses Buch angezogen, es wäre sonst nicht bei Dir. Deine Schwingung hat es in Dein Leben gezogen und deshalb MUSSTE es zu Dir gelangen, das ist ein Naturgesetz. Und diese Geisteshaltung, dass man sein Leben selbst gestalten kann, ist die perfekte Voraussetzung, es auch tatsächlich zu schaffen.

Unser „Schicksal" hängt also immer von unserer Geisteshaltung ab. Es ist immer unser persönliches Verhalten, das unsere persönlichen Lebensverhältnisse bestimmt. Es liegt einzig und allein an uns, ob wir Opfer oder Nutznießer unserer Gedanken und Gefühle sein wollen. Am Ende ist alles nur eine Frage der inneren Einstellung, der Gesinnung, der Bewusstheit.

„Unsere Gedanken haben eine ungeheure Kraft. Es ist in unserer Entscheidung gelegt, diese Macht zu unserem Nutzen oder Schaden einzusetzen. Mit der Kraft der Gedanken bestimmen wir nicht nur über Gesundheit und Krankheit, sondern unsere Gedanken sind unser Schicksal. Das ist eine

Gesetzmäßigkeit, der sich keiner entziehen kann; aber gleichzeitig eine wunderbare Chance." (William James)

Wie schnell manifestieren sich unsere Gedanken und Gefühle? Das ist keine Frage der Zeit, sondern der „Qualität" unserer Schwingungen. Je konzentrierter, glaubwürdiger und mit starker Gefühlsintensität aufgeladener ein Gedanke ist, umso weitreichender seine Wirkung. Das, worauf wir unsere Aufmerksamkeit richten, bleibt bestehen oder verstärkt sich. Es ist eine ganz einfache Rechnung: Werfen wir einen Bumerang voller Schwung, kommt er schwungvoll zurück. Machen wir das nur mit wenig Schwung, kommt er nur mit wenig Schwung zurück.

Wichtig ist sich dabei immer wieder klar zu machen, dass alle unsere Gedanken und Gefühle einzig und allein in unserem Verantwortungsbereich liegen. Es gibt NICHTS in unserem Leben, das wir nicht selbst manifestiert haben. Alles, und damit meine ich wirklich ALLES (unsere zwischenmenschlichen Beziehungen, unsere Nachbarn, unsere Gesundheit, unsere finanzielle Lage, unser seelisches Wohlbefinden, unsere Erfolge und Misserfolge, einfach alles), was sich in unserem Leben ereignet, beginnt und geschieht IN UNS und DURCH UNS. Für gewöhnlich denken Menschen, wenn ihnen etwas Negatives widerfährt, das Glück habe sie verlassen und sie seien hilflose Spielbälle eines imaginären Zufalls oder Schicksals. Dabei vergessen sie jedoch, dass alles in diesem Universum auf Ursache und Wirkung basiert. Deshalb kann in unserem Universum nichts zufällig geschehen. Die Schöpfung ist kein Zufallsprodukt. Im gesamten Kosmos (griechisch: Ordnung – also das Gegenteil von Unordnung und chaotischem Zufall) ist alles präzise geregelt durch bestimmte Naturgesetze. Es ist kein Zufall, der unser ganzes Universum seit Milliarden von Jahren zusammen hält. Nicht eine einzige Millisekunde existiert das Universum zufällig. Es läuft alles hoch präzise wie ein Uhrwerk ab (und das stets auf der Basis elektromagnetischer Kräfte). Es ist auch kein Zufall, wenn es schneit oder wenn die Sonne scheint, wenn jemand schwanger wird oder wenn wir hungrig sind, wenn ich einen Ball fallen lasse und dieser zu Boden fällt. Alles hat eine Ursache und unterliegt einem Naturgesetz, ob wir es nun kennen oder nicht.

„*Wer die Ursache nicht kennt, nennt die Wirkung Zufall.*" *(Werner Mitsch)*

„*Das, wobei unsere Berechnungen versagen, nennen wir Zufall.*" *(Albert Einstein)*

"Schicksal" und "Zufall" sind nur Bezeichnungen für das noch nicht erkannte (karmische) Gesetz der Anziehung und oft eine bequeme Ausrede. Entweder wir sind Meister oder Opfer des Lebens (dabei sind wir wohlgemerkt niemals Opfer von irgend etwas außerhalb von uns selbst). Jene Menschen, die an ein Schicksal glauben, geben ihre Eigenverantwortung (und somit ihre Macht) ab und machen sich zu Opfern (selbst erzeugter) Umstände. Und warum? Weil sie daran glauben, klein und machtlos zu sein. Und wie neben vielen anderen Quellen auch die Bibel sagt, geschieht jedem nach seinem Glauben.

„Ob man glaubt, etwas zu können, oder man glaubt, etwas nicht zu können, man behält immer Recht." (Henry Ford)

Stelle Dir dazu die gesamte Existenz einfach einmal als eine große Leinwand vor, auf die wir den Inhalt unserer Glaubenssätze richten. Egal, mit welcher Rolle wir uns identifizieren (als Glückskind oder als Unglücksrabe), unser **Glaube** an dieses Selbstbild erzeugt genau diese Realität und wird somit zu einer selbsterfüllenden Prophezeiung.

„Die größte Revolution unserer Zeit dürfte die Entdeckung gewesen sein, dass die Menschen durch die Änderung ihrer Geisteshaltung die äußeren Umstände ihres Lebens ändern können." (William James)

Das sind doch wunderbare Aussichten, lieber Leser, findest Du nicht auch? Denn das bedeutet: Wir alle sind mit obergenialen Fähigkeiten ausgestattet und ohne Ausnahme alles kann durch die „richtige" Schwingung bzw. durch die „richtigen" Glaubenssätze beeinflusst werden. Sie entscheiden, ob unser Leben von Leid oder innerer Harmonie und Zufriedenheit geprägt ist. Was heißt das für uns? Dass sich da unbegrenzte Möglichkeiten auftun. Wir brauchen nicht länger auf schöne Lebensumstände zu warten, nein, wir warten nicht länger, wir können sie selbst erschaffen, wir sind Schöpfer mit tollen Möglichkeiten und können alle unsere Träume verwirklichen.

Das ist in meinen Augen einfach nur S-U-P-E-R.

„Erst die Möglichkeit, einen Traum zu verwirklichen, macht unser Leben lebenswert." (Paulo Coelho)

Betrachten wir dieses ganze Szenario einmal aus diesem neuen Blickwinkel, wird uns klar, dass wir Menschen unvorstellbar **mächtig** sind (das ist für viele von uns ein ganz neues und reichlich ungewohntes Selbstbild). Aber so und nicht anders ist es: Wir selbst sind die Autoren unserer Glücks- oder Leidensgeschichte, wir selbst schreiben unser Lebensdrehbuch jeden Tag, jede Stunde, Minute und Sekunde unseres Lebens, ausschließlich wir selbst haben die Macht, indem wir entscheiden, welchen „Schwingungssender" wir einstellen.

„Es steht uns nicht zu, uns kleiner zu machen, als wir sind." (Edith Södergran)

Das Wort Macht hat in unserem Gesellschaftskreis oft einen negativen Beigeschmack. Dies kommt daher, weil immer wenn das Wort „Macht" fällt, man daraus automatisch schließt: „Macht über andere." Doch das ist hier nicht der Fall. Jeder von uns ist unglaublich mächtig (schon immer gewesen), doch mächtig in Bezug auf was? AUF SCH SELBST, auf das eigene Leben, auf das eigene Da-Sein. Machen wir uns frei von der Negativität, die man dem Wort „Macht" angeheftet hat und nutzen wir sie für ein glücklich(er)es Leben. Es liegt in UNSERER Hand, wir sind definitiv dazu in der Lage.

Nun kommt es nur noch darauf an, diese uns angeborene Naturmacht, beruhend auf Ursache und Wirkung, konstruktiv und zum Wohle aller zu nutzen. Und das geht nur, wenn wir uns klar machen, dass die Ursachen nicht in der Außenwelt liegen, sondern in uns, im unbewussten Anteil unseres Bewusstseins, sprich: in unserem Unterbewusstsein.

Also auf was warten wir noch? Wenn wir unsere Lebensumstände verändern wollen, muss die Veränderung IN UNS, bei unseren Glaubenssätzen, Verinnerlichungen und Gewohnheiten beginnen. Wenn wir diese verändern, verändern sich auch unsere Lebensumstände. Wenn wir es „richtig" machen, ist das Ergebnis ein Leben, welches uns alle Wünsche erfüllt, die wir in uns tragen. Ein Leben voller Glück und Freude. Und um das zu realisieren, eignet sich die Hypnose als Werkzeug geradezu ideal.

Merksatz:
Der Glaube erschafft die "Wirklichkeit". Das ist das Gesetz des Universums. Unser Glaube, unsere inneren Überzeugungen sind die Substanz der WIRK-lichkeit.

„Die Realität ist nur eine Illusion, wenn auch eine sehr hartnäckige." (Albert Einstein)

Warum das Gesetz der Anziehung „funktioniert"

(geschrieben von Goran Kikic)

Wie ist es möglich, dass unsere Gedanken, Glaubensmuster und Gefühle so eine Macht haben. Stellen wir uns dazu einmal die Frage:

„Was sind wir?"

Komische Frage in einem Buch über bewusstes Wünschen und Hypnose, findest Du? Wir wissen doch schließlich, wer und was wir sind. Wir sind ein Mensch, haben eine bestimmte Persönlichkeit, einen Namen und eine Adresse, wir kennen uns selbst genau, andere Menschen kennen uns (zumindest so, wie wir uns nach außen zeigen) und wir kennen andere Menschen (und zwar auch so, wie sie sich nach außen hin präsentieren). Und wir alle bestehen aus Fleisch, Knochen und Blut, und sind alle voneinander getrennte Wesen.

Oder vielleicht doch nicht?

Unser heutiges (unvorteilhaftes) wissenschaftliches und materialistisch-deterministisches Weltbild beruht auf einem Denken, welches über 200 Jahre alt und in einigen wesentlichen Bereichen „Schnee von gestern" ist. Viele heutige Lehrbücher-Erkenntnisse haben in punkto physikalische Gesetze nur eine bedingte Gültigkeit. Es sind bereits etliche wissenschaftliche Paradigmen gefallen und das ist erst der Anfang. Wir können im 21. Jahrhundert nicht mit dem Denken des 19. Jahrhunderts erfolgreich sein. Die heutige Wissenschaft (Quantenphysik) emanzipiert sich und ruft uns dazu auf, unser starres Denken aufzugeben und offener zu werden. Und dieser Ruf verhallt nicht ungehört. Immer mehr und mehr öffnet sich das bisherige starre physikalische Denken der Metaphysik. Machen wir uns zuallererst einmal klar:

Tatsächlich existiert nirgendwo Trennung.

Nichts im Universum bleibt von allem anderen, was existiert, isoliert, sondern der gesamte Kosmos ist laut Quantenphysik durchwoben von einem Netz von Quantenverbindungen, wodurch alles mit allem kommuniziert. Im Klartext: Wir sind uns alle viel näher, als wir bisher vermutet haben. Selbst der kleinste Stein steht mit der größten Sonne in Beziehung.

„Unsere Trennung voneinander ist eine optische Illusion des Bewusstseins." (Albert Einstein)

Dass wir alle miteinander verbunden sind, lässt sich in einfachen Worten erklären. Die Wissenschaft weiß, dass sich alle Materie aus Molekülen und diese aus Atomen zusammen setzen - das ist allgemein bekannt. Jedes Atom wiederum besteht im Wesentlichen aus Protonen, Neutronen und Elektronen (den Kern, oder auch Nukleus des Atoms, bilden Protonen und Neutronen). Die Hülle, die den Kern umgibt, entsteht durch die ungeheuer schnellen, pulsierenden Schwingungen der Elektronen um den Kern. Zusammengehalten wird das Ganze durch elektromagnetische Kraft, sprich: Durch ENERGIE.

Im Klartext: Alles, was existiert, besteht aus völlig instabilen Atomen, und die wiederum bestehen aus Energie. Das Fazit daraus lautet:

Der Baustein des Universums ist schwingende, fließende, ständig pulsierende Energie. Oder auf Hochdeutsch:

ALLES IST GRENZENLOSE ENERGIE!!!

„Am Anfang gab es weder Existenz noch Nichtexistenz, die ganze Welt war nichtmanifeste Energie. (…)". (Schöpfungshymne, Rigveda)

WIR SIND NICHT MATERIELL; WIR SIND ENERGETISCH

Mittlerweile haben die Erkenntnisse der Quantenphysik bei etlichen Physikern zu einem heftigen Umdenken geführt. Energie ist die wahre Essenz unseres Wesens, wir selbst sind quasi „elektromagnetische", freie Wesen. Wir Menschen, Tiere, Pflanzen, Mineralien, Elemente bestehen allesamt aus dem gleichen schwingenden „Energie-Baustoff" und sind ebenso wenig voneinander getrennt, wie es Wellen im Ozean sind, da Energie keine Grenzen kennt. Alles gehört zu einem in sich abgeschlossenen Ganzen, wir sind alle ein großes Gemeinsames. Die Vorstellung wir existieren getrennt vom großen Ganzen, trifft in keiner Hinsicht zu.

So, wie es sich den Quantenphysikern derzeit darstellt, gibt es im Universum nichts als ein endloses Energiemeer. Alles, was existiert, sind nur Fluktuationen von Energiewellen. Und sie schwingen, bewegen sich, fließen und ruhen nie – und besitzen alle eine spezifische Wellenlänge. Das alles ist wissenschaftlich belegt. Schwingung ist das große Schöpfungsprinzip.

„Energie kann nur existieren, wenn sie in Bewegung ist und sich ständig verändert". (Rhonda Byrne)

Das, was wir als „Materie" empfinden, ist nicht wirklich materiell. Es ist nur das, was wir zu sehen oder zu fühlen **glauben** (eine Hilfskonstruktionen, die sich unser Bewusstsein geschaffen hat).

„Eines Tages wird man offiziell zugeben müssen, dass das, was wir Wirklichkeit getauft haben, eine noch größere ILLUSION ist als die Welt des Traumes." (Salvador Dali)

„(...) Ein menschliches Wesen ist Teil des Ganzen, genannt „Universum", begrenzt in Raum und Zeit. Es erfährt sich selbst, seine Gedanken und Gefühle als etwas, das von dem Rest getrennt ist, eine Art von optischer Täuschung seines Bewusstseins." (Albert Einstein)

„Materie - eine Illusion menschlicher Wahrnehmung." (Anton Zeilinger)

Um verständlicher zu machen, dass es so etwas wie Materie gar nicht gibt, schauen wir folgendes Beispiel an: Würden wir den Kern eines Wasserstoffatoms auf die Größe einer Murmel vergrößern, dann würde sein einziges Elektron ihn in einer Entfernung von ca. 400m umkreisen. Das bedeutet: Ein Atom besteht fast nur aus leerem Raum. Das wiederum bedeutet: Ein großer Felsen, eine Metallstange, ein Auto, all die angeblichen materiellen Dinge, welche uns groß, solide und schwer erscheinen, bestehen tatsächlich fast nur aus energetischen Zwischenräumen, die von atomaren Teilchen umkreist werden. Letztendlich löst sich die messbare Grundstruktur jeder „Materie" in elektromagnetische Felder auf.

„Ich habe 50 Jahre – mein ganzes Forscherleben – damit verbracht, zu fragen, was hinter der Materie steckt. Das Endergebnis ist ganz einfach: Es gibt keine Materie!" (Dr. Hans-Peter Dürr)

Wenn wir also von Materie sprechen, dann sprechen wir nicht von festen und soliden Gegenständen, sondern von einer Ansammlung von Schwingungen, Energieteilchen, Informationswellen. Die Energien unterscheiden sich lediglich in ihrer manifestierten Form, ihrer Schwingungsfrequenz und in der durch sie vermittelten Information. Oder etwas klarer ausgedrückt: Materie ist quasi eine verlangsamte oder auch eingefrorene Energie, die so langsam schwingt, dass wir sie mit unseren Augen sehen können.

„Die Welt ist materialisierter Geist." (Ralph Waldo Emerson)

„Materie bildet daher nur ein winziges Tröpfchen jenes Ozeans an Energie, in welchem sie relativ stabil und manifestiert ist." (David Bohm)

Materie bzw. diese verlangsamte Energie ist also nur ein winziger Bruchteil der Energie, die im Universum existiert. Den Großteil davon können unsere Augen nicht wahrnehmen. Einen Menschen, der sich nur auf seine fünf Sinne verlässt und sie für allumfassend hält, Realist zu nennen, ist demnach herzlich naiv, töricht und V-O-L-L-K-O-M-M-E-N abwegig. Was wir mit bloßen Augen überblicken können, liegt im Bereich der Meter. Bedenken wir dabei stets, dass wir in einem unendlichen Universum leben, das nicht dort endet, wo der Horizont aufhört (und überhaupt...wer will schon Realist sein, wenn er Visionär sein kann!?!).

„Als Physiker, also als Mann, der sein ganzes Leben der nüchternsten Wissenschaft, nämlich der Erforschung der Materie, diente, bin ich sicher von dem Verdacht frei, für einen Schwarmgeist gehalten zu werden. Und so sage ich Ihnen nach meinen Erforschungen des Atoms dieses: Es gibt keine Materie an sich! Alle Materie entsteht und besteht nur durch eine Kraft, welche die Elementar- und Atomteilchen in Schwingung versetzt und sie zum winzigsten Sonnensystem des Atoms zusammenhält." (Aus einer Rede Max Plancks)

Halten wir an dieser Stelle fest: Die gesamte Schöpfung besteht aus dem gleichen „Material":

Aus grenzenloser, unendlicher Energie.

„Wenn die Pforten der Wahrnehmung geläutert würden, würde jedes Ding dem Menschen erscheinen, wie es ist – unendlich." (William Blake)

Machen wir uns das einmal bewusst: Selbst wenn wir ein Alien treffen würden, wäre das also nichts Außergewöhnliches. Es besteht aus demselben „Lebensstoff" wie auch alles andere – und ist somit wesensverwandt mit uns. Der Mensch ist somit weit mehr als ein körperliches Phänomen. Wir sind nicht fest, nein, wir sind grenzenlos und unser Körper ist lediglich der

„grobstoffliche" Ausdruck unseres wahren Selbst. Das bedeutet, dass wir zu weitaus mehr fähig sind, als nur mit unserem Körper, sprich mit unserem Gehirn, unseren Armen und Beinen etwas zu tun. Das ist es, was uns esoterische Schriften seit Urzeiten zu vermitteln versuchen.

Die Realität ist unser Spielfeld, ein Feld reinen Potenzials, unendlicher Möglichkeiten. Und da wir aus demselben „Stoff" bestehen wie die Realität, sind wir selbst eine unendliche Möglichkeit, unbegrenztes Potenzial, eine unermessliche Chance. Es besteht keine Grenze zwischen der Realität und uns, und je mehr wir uns über unsere wahre Natur bewusst werden, umso bewusster können wir manifestieren. Die Macht dafür tragen wir alle IN UNS.

Für manch einen mag es nur schwer vorstellbar sein, dass wir in Wirklichkeit nicht in einer materiellen Welt leben, sondern in einem schwingenden Energieozean.

„Am Anfang aller Weisheit ist die Verwunderung." (Aristoteles)

Wenn wir uns so umschauen, erscheint uns alles fest und starr, unveränderlich und wie in Stein gemeißelt. Doch wie ich schon sagte: Es **erscheint** uns nur so, doch dieser Schein trügt ganz gewaltig. Wir alle können uns von diesem Schein abwenden und unser Weltbild dahingehend ändern, dass wir unser Leben mit einer solchen Leichtigkeit gestalten können, wie wir uns das momentan gar nicht vorstellen können.

Warum ist es für das zielgerichtete Manifestieren so wichtig, sich über die eigene energetische Herkunft bewusst zu sein? Die Frage ist schnell beantwortet: Die meisten Menschen scheitern daran, ihre „großen" Wünsche zu verwirklichen, weil sie sich im Vergleich zur Welt bzw. zum Universum als klein und machtlos empfinden. Das eingebildete „Machtverhältnis" zur großen, weiten Welt blockiert den Glauben, der für eine Wunscherfüllung erforderlich ist. Und wenn man aufgrund dieses inneren Empfindens nicht daran glauben kann, seine Wünsche zu verwirklichen, dann geschieht uns nach unserem (Nicht-)Glauben und der Wunsch wird sich nicht erfüllen. Es ist also wichtig, das eingebildete „Machtverhältnis" zur Welt / zum Universum zu ändern und sich klar zu machen, dass die Welt und wir eins sind, dass das Universum unser vergrößerter Körper ist und wir selbstverständlich Einfluss auf ihn haben. Wenn wir diese „Glaubensebene" erreicht haben, dann haben wir die ideale Ausgangsbasis für erfolgreiches Wünschen bzw. Manifestieren.

Ein Meister des Lebens zu werden heißt, vollkommen frei von allem zu werden, weil man bereits alles IST. Man ist ein Bestandteil von ALLEM-WAS-IST. Wenn Du das verstehst, lieber Leser, wenn Du Dir das verinnerlichst und von dieser Basis aus zu denken, zu fühlen, zu leben beginnst, dann überwindest Du alle Hürden und wirst zu einem Menschen, der wieder zu sich selbst wird. Dann weißt Du, dass Dir alles Gute, alles Schöne, alles Erhabene zusteht, denn es ist bereits ein Teil von Dir. Du bist bereits alles, was es gibt (denk einmal darüber nach, lasse diesen Satz in Dir sacken)!!!

Was Du tief in Dir glaubst und wie Du Dich selbst siehst, kann Dich entweder glücklich oder unglücklich machen. Im Leben geht es nur darum, glücklich und bewusst zu sein – und eins geht ohne das andere nicht. (Ludwig von Erlenbach)

WIR SIND ALLE MITEINANDER VERBUNDEN

Auf den ersten Blick scheinen Esoterik und Quantenphysik nichts miteinander zu tun zu haben. Auf den zweiten Blick ergibt sich ein anderes Bild, denn beide teilen die Meinung der großen kosmischen Verbundenheit, des Eins-Seins. Nicht ohne Grund verkündeten die antiken Seher: „*Ich bin jenes, Du bist jenes, all dies ist jenes und es gibt nur jenes.*" Und heute sagt uns die Quantenphysik: Ausnahmslos ALLES ist energetisch und somit buchstäblich eins. Frietjof Capra, Physiker und Autor des Buches „Tao der Physik", stellte treffend fest, dass die „*Einheit des Universums nicht nur der zentrale Charakter einer mystischen Erfahrung ist, sondern auch zu den wichtigsten Entdeckungen der Physik gehört*". Man kann anstelle von „Einheit" auch sagen, dass wir alle eine große Familie sind. Getrenntheit empfinden nur unsere eingeschränkten Sinnesorgane. Es gibt so gesehen keine einzelnen, voneinander getrennten Inseln, sondern nur einen unendlich großen, einheitlichen Kontinent. Und wir alle stellen diesen unendlich großen Kontinent erst dar. Das Universum ist in jedem einzelnen Punkt enthalten, ebenso wie der Ozean in jedem einzelnen Wassertropfen enthalten ist. Man könnte es auch so formulieren: GOTT teilt sich in unzählige Persönlichkeiten auf, was bedeutet, dass wir alle „sein Ebenbild" sind und deshalb göttliche Qualitäten in uns tragen (das gilt es wieder zu erkennen bzw. daran zu glauben). Demzufolge haben wir alle eine superpersönliche Beziehung zur Schöpfung. denn wir sind ein Teil der Schöpfung und die Schöpfung ist ein Teil von uns. Es gibt aus diesem Blickwinkel heraus keine tote Materie im Universum, alles ist beseelt.

„Gott ruht im Stein, schläft in der Pflanze, träumt im Tier und erwacht im Menschen." (Rabindranath Tagore)

Und da wir alle eins und Teile des großen Ganzen sind, haben wir logischer Weise auch Einfluss auf das große Ganze. Im Grunde ist das Universum lediglich eine Ausweitung unseres Körpers, so wie der große Ozean eine Ausweitung einer einzelnen Welle ist. Wir werden alle in die gemeinsame Schöpfung, welche sich ständig verändert und wandelt, mit einbezogen und sind absolut unentbehrlich. Ohne uns wäre das Universum nicht vollständig, lieber Leser! Unglaublich, meinst Du? Ganz und gar nicht, denn bei näherem Betrachten ist das mehr als sonnenklar. Unglaublich ist es eher, wie lang wir dies nicht erkannten (oder nicht erkennen wollten).

Zahlreiche Forscher haben sich mit unserer energetischen Natur und unserer Verbundenheit untereinander befasst – und so gibt es heute viele verschiedene Bezeichnungen für die ewige Energiewelt, in der wir leben und aus der sich das, was wir Materie nennen, formt: Nullpunktfeld, Äther bzw. Quantenäther, Matrix u. v. m. Die Bibel nennt sie „Gottes Hauch" oder „Odem", die vedischen Schriften bezeichnen sie als „Brahman". Modernere Bezeichnungen dafür sind: Nullpunktenergie, Bioenergie, Orgon, alldurchdringendes Fluidum, kosmische Energie oder das fünfte Element. Man kann auch einfach Lebensenergie dazu sagen.

Der englische Biologe Rupert Sheldrake vermutet, dass Informationen über das, was wir „Materie" nennen, in sogenannten „morphogenetischen Feldern" gespeichert werden und miteinander verknüpft sind. Zu den gespeicherten Informationen zählen alle Vorgänge im Universum, einschließlich unsere Gedanken, Gefühle und Handlungen (ganz schön große Datenmenge, aber der Speicherplatz des Universums beträgt mehrere Trillionen Galaxien und noch unendlich viel mehr). Wir alle füttern das morphogenetische Feld mit unseren Gedanken und Gefühlen, es wird gebildet durch die Summe aller Schwingungen. In diesem Feld (man kann dazu auch Kollektivgedächtnis oder kollektiver Wissensspeicher sagen) wird alles gespeichert, was wir im Laufe unseres Lebens gelernt haben. Je mehr Menschen heute also eine bestimmte Sache lernen (z.B. eine Fremdsprache), desto leichter fällt es auch den nachfolgenden Generationen, diese Fremdsprache zu lernen. Das Wissen dafür „liegt in der Luft".

Wissenschaftler Vlatko Lloyd sieht das gesamte Universum als einen gewaltigen Quantencomputer, der alles in sich aufnimmt, was in ihm passiert. Jedes Atom unserer Umwelt reagiert nach seiner These augenblicklich auf unsere Gedanken, inneren Bilder und Gefühle. Somit hat ein jeder von uns einen gigantisch großen Einfluss auf unsere Welt. Jeder einzelne Gedanke und jedes einzelne Gefühl programmieren das Universum mit und bestimmen somit den Output des Universums. Wir alle geben etwas ins Universum ein und beeinflussen die Realität auf diesem Weg. Und das Universum wiederum strahlt unseren Input wieder zurück und beeinflusst unser Leben. Das eine bedingt das andere. Man kann also sagen, dass wir uns in einem riesigen Kreislauf befinden, in dem ein ständiger Austausch stattfindet. Ein anschauliches Beispiel für einen alles umfassenden Kreislauf untereinander ist beispielsweise die Verbundenheit zwischen uns Menschen und der Pflanzenwelt. Wir atmen Sauerstoff ein und atmen Kohlendioxid aus, während die Pflanzen es genau andersherum machen. Alles steht in Wechselwirkung zueinander.

Wallace D. Wattles beschreibt das ALL-umfassende morphogenetische Feld als formlose Substanz, die ausnahmslos ALLES durchdringt wie eine diffuse Flüssigkeit. Man geht davon aus, dass Tiere und Pflanzen sich über das morphogenetische Feld ausrichten und Informationen erhalten können (z.B. wann ein Erdbeben oder ein Tsunami nahen). Als 2004 der verheerende Tsunami Asien traf, gab es kaum tote Tiere zu beklagen, weil sie sich vorher in Sicherheit begaben.

„Es gibt keine toten Elefanten, nicht einmal einen toten Hasen oder ein totes Kaninchen. Ich denke, Tiere können Gefahr spüren. Sie haben einen sechsten Sinn. Sie wissen, wann etwas passiert." (H. D. Ratnayke, Vizedirektor der Naturschutzbehörde in Sri Lanka)

Im Tierreich ist auch zu beobachten, dass jedwede nützliche Fähigkeit, die ein Tier für sich entdeckt, sich bald darauf auch auf andere Artgenossen überträgt. Selbst dann, wenn die Tiere mehrere Tausende Kilometer voneinander entfernt leben. Auch beim Menschen verhält es sich nicht anders. So wurden z.B. Erfindungen oftmals kontinentübergreifend gemacht, obwohl die Erfindungen noch gar nicht veröffentlicht wurden. Auch das untermauert die These, dass der gesamte Kosmos auf totaler Verbundenheit aufbaut.

Schwingungsforscher Alexander Lauter vertritt die Ansicht, dass Einsichten und Ideen gar nicht im Gehirn produziert werden, sondern dass sie heruntergeladen werden. Klingt unglaublich? Sehen wir uns die Sache etwas näher an. Mittels Hypnose ist es möglich, fast jede Sekunde unseres Lebens aus dem Unterbewusstsein abzurufen. Wenn wir ungefähr 70 Jahre alt sind, dürften wir über 250 Trillionen Bits an Informationen in unserem Gehirn abgespeichert haben. Biologisch-chemisch gesehen ist es unvorstellbar, solch eine Datenmenge im Gehirn abzuspeichern. Wissenschaftsphilosoph Ervin

Laszlo geht davon aus, dass all die Informationen (bis auf das Kurzzeitgedächtnis) gar nicht IM Gehirn gespeichert werden, sondern jenseits davon: Im morphogenetischen Feld (oder wie er es nennt: Im Akasha-Feld).

„Ich möchte gerne die Möglichkeit zur Diskussion stellen, dass es eine Art von Internet gibt, dass in die Natur eingebettet ist und dass wir über unser Gehirn damit kommunizieren können." (Ervin Laszlo)

Laut Laszlo verbindet das Gehirn uns über ein allgemeines Informationsfeld mit allem was existiert. Wir können sowohl Daten hinein senden, als auch Daten aus diesem Feld entnehmen. Wenn wir einen Ein-Fall oder eine Ein-Gebung haben, impliziert das, dass von außen etwas in uns eingefallen ist, dass uns etwas eingegeben wurde. Im Grunde ist unser Gehirn eine Art Schnittstelle zur omnipräsenten Energiewelt.

DAS UNIVERSUM IST EIN HOLOGRAMM
Wir wollen nun noch etwas tiefer in das Geschehen Einblick nehmen. Laut mehreren seriösen Wissenschaftlern ist das Universum ein riesiges Hologramm. Was ist die besondere Eigenschaft eines Hologramms? Dass jedes noch so kleine Teilchen sich immer analog zum Ganzen verhält. Ein Beispiel: Ein holographisches Bild stellt ein Auto dar. Würden wir das Bild in zwei Teile schneiden, dann würde jedes Teilstück des Bildes nicht den halben Wagen enthalten, sondern auf jedem Teilstück wäre der ganze Wagen zu sehen (zwar immer unschärfer und detailärmer, aber nichtsdestotrotz den kompletten Wagen). Ganz egal, wie sehr wir die Teilstücke zerteilen würden, jedes Teilstück würde weiterhin den ganzen Wagen beinhalten. Wir erkennen das Große im Kleinen und im Kleinen das Große. Das bedeutet, dass jedes noch so kleine Teilchen immer die Gesamtinformation des Ganzen in sich beherbergt. In unserem Universum ist also im Mikrokosmos auch der Makrokosmos enthalten und umgekehrt. Das Universum ist demnach nicht größer und mächtiger als Du, lieber Leser. Das Fundament eines energetischen Universums ist die „Gleichgestelltheit" von allem, was existiert. Die Welt befindet sich im Grunde gar nicht außerhalb von uns, wir SIND die Welt und nehmen sie überallhin mit. DEIN WILLE GESCHEHE, heißt es schon in der Bibel. Und wer ist damit gemeint? Gott. Und durch die holografische Beschaffenheit des Universums sind wir alle ein Teil von Gott, dem Universum, der alles erschaffenden Quelle oder wie auch immer man es nennen will. Das Wissen um die holografische Struktur des Universums ist wichtig, weil sie uns klar vor Augen führt, dass wir, egal für wie klein wir uns halten, wir es nicht sind und ohne Weiteres auf das große Ganze einwirken können.

(Interessant in diesem Zusammenhang ist, dass Jesus gesagt haben soll, wir alle würden Gott in unserem Herzen tragen.)

„Die gesamte Schöpfung existiert in Dir, und alles, was in Dir ist, existiert auch in der Schöpfung. Es gibt keine Grenze zwischen Dir und einem Gegenstand, der Dir ganz nahe ist, genauso wie es keine Entfernung zwischen Dir und sehr weit entfernten Gegenständen gibt. Alle Dinge, die kleinsten und größten, die niedrigsten und höchsten, sind in Dir vorhanden als ebenbürtig. Ein einziges Atom enthält alle Elemente der Erde. Eine einzige Bewegung des Geistes beinhaltet alle Gesetze des Lebens. In einem einzigen Tropfen Wasser findet man das Geheimnis des endlosen Ozeans. Eine einzige Erscheinungsform Deiner selbst enthält alle Erscheinungsformen des Lebens überhaupt." (Khalil Gibran)

DIE FRAKTALE NATUR DES UNIVERSUMS

Eine weitere Besonderheit des Universums ist seine fraktale Natur. Ein Fraktal hat die Eigenschaft, einen ganzen Mikrokosmos in sich zu bergen und folgt dem hermetischen Prinzip, welches verkürzt lautet:

Wie oben, so unten. Wie unten, so oben.
Wie im Kleinen, so im Großen. Wie im Großen, so im Kleinen.
Wie innen, so außen. Wie außen, so innen.

oder auch

Wie im „Materiellen", so im Immateriellen und umgekehrt.
(vom Autor hinzugefügt ☺)

Das Ganze ist auch bekannt als Analogiegesetz oder stark vereinfacht ausgedrückt: „Wie im Himmel, so auf Erden." Das Analogiegesetz gründet darauf, dass das Universum ein Hologramm ist. Überall im Kosmos herrschen demnach die gleichen Gesetzmäßigkeiten und für alles im Universum findet sich auf jeder Ebene des Daseins eine Entsprechung. Genauso wie Elektronen um einen Atomkern kreisen, bewegen sich die Planeten unseres Sonnensystems um die Sonne. Jedes Atom bildet ein in sich abgeschlossenes Sonnensystem. Eine Photographie des Atomkerns entspricht exakt einer Photographie der Erde aus 1Mio. km Entfernung und ebenfalls der Milchstraße aus 10.000.000 Lichtjahren Entfernung. Das menschliche Magnetfeld in rotierendem Zustand sieht exakt so aus wie unsere rotierende Galaxie. *(Geo-Wissen Ausgabe Nr. 2, 1990, „Chaos und Kreativität")*. Eine weitere Analogie besteht zwischen unserer Tonleiter und den Gestirnen. Die Abstände der Gestirne untereinander entsprechen den einzelnen Abständen der Tonleiter *(mit diesen Analogien hat sich im Jahre 1990 die Zeitschrift GEO Wissen beschäftigt).* Man könnte das Universum auch als einen gigantischen Organismus betrachten, in denen die Milchstraßen die „Blutbahnen" darstellen. Jede Zelle ist im Grunde ein kleines Universum in sich. Was lässt sich daraus schlussfolgern? Dass alle Dinge im Kosmos den gleichen Gesetzen unterliegen, unabhängig von der räumlichen Größenordnung.

Wie schaut es vor diesem Hintergrund mit unserem Körper aus? Ärzte nehmen ihren Patienten Blut ab, um Infos über den ganzen menschlichen Körper zu erhalten. Und so ist es auch mit den Zellen. Jede unserer Körperzellen beinhaltet die Information des gesamten Menschen. Eine Fußreflexzonen-Massage hat nicht nur etwas mit Füßen zu tun. Alle Bereiche des Fußes besitzen eine Entsprechung im restlichen Körper, so dass man durch die Behandlung des Fußes Beschwerden an anderen Körperstellen behandeln kann (wie im Kleinen/Fuß, so im Großen/Körper). Es gibt so gesehen nichts „Großes" oder „Unerreichbares", da alles denselben Prinzipien unterliegt. Es ist alles nur eine Frage der Willens- und Vorstellungs- bzw. Glaubenskraft. Was wir innerlich (durch unseren Glauben) erreichen, das erreichen wir auch in der Außenwelt (wie innen, so außen). Es passiert im Grunde alles sowieso nur in unserem Bewusstsein.

AUFMERKSAMKEIT ERSCHAFFT REALITÄT
Man hat festgestellt, dass sich das Ergebnis einer wissenschaftlichen Messung bereits durch den Vorgang des Messens verändert. Und zwar ändert es sich dahingehend, dass sich das Messergebnis nach demjenigen richtet, der misst bzw. der beobachtet. Es ist fast so, als würde das Beobachtete uns zurufen, dass es so sein wird, wie wir es uns vorstellen. Klingt fantastisch, ich weiß, dieses Phänomen ist aber eine bewiesene Tatsache. Und angesichts der vorgehenden Erklärungen (alles ist Energie; Verbundenheit zwischen allem, was existiert; holografische und fraktale Struktur des Universums) ist es gar nicht mehr so fantastisch, sondern naheliegend und logisch. Die Schwingungsenergie (oder auch Energiefeld), aus der alles besteht, ist vollkommen neutral, sie stellt nichts dar. Erst wenn der Mensch an etwas fest glaubt und es gefühlsbetont denkt, formt sie sich, entsprechend dem Fokus, Willen und Glauben des Denkenden und Fühlenden, zu dem, was wir als Materie wahrnehmen, sprich zu realen Lebensumständen. Das ganze Leben ist somit im Grunde ein permanentes Geschehen von Energietransformationen.

Lieber Leser, dieses Wissen sollte uns mehr bringen als nur einen vorübergehenden Aha-Effekt. Machen wir uns klar, ob aus esoterischer oder aus wissenschaftlicher Sicht, dass wir mehr sind als „nur" ein Mensch. Wir sind unendliches, energetisches Bewusstsein in einer menschlichen Hülle. Wir alle sollten uns darüber klar werden, wie das kosmische Spiel des Lebens läuft, wie sehr unser Glaube unsere Realität erschafft und welche weitreichenden Möglichkeiten uns allen offen stehen – mit allen positiven Konsequenzen.

Nun haben wir alle nötigen Informationen, um unsere Welt und uns selbst aus einem völlig anderen Blickwinkel heraus zu betrachten und auch zu begreifen. Wie lautet jetzt die Grunderkenntnis aus diesem Kapitel?

Das Universum und wir sind eins, folglich können wir es beeinflussen.

Und wie?

Durch unsere Gedanken und Gefühle, die uns als realitätsschaffende Schwingung verlassen. Diese werden bestimmt durch unsere Glaubenssätze und Überzeugungen. Das, woran wir glauben, steht somit im Zentrum aller Schöpfung, der Glaube ist der Motor der Realität, die lenkende Kraft im Universum. Das bedeutet auch: Unsere Wünsche gehen nur dann in Erfüllung, wenn sie unserem Glauben entsprechen.

Schritt für Schritt zur Wunscherfüllung

Wie manifestiert man Wünsche?
(geschrieben von Goran Kikic)

Wir kennen nun die Hintergründe, jetzt geht es um zielgerichtetes Wünschen bzw. Manifestieren. Dabei gibt es einiges zu beachten, um erfolgreich zu sein. Im Grunde ist es ähnlich wie mit dem Gesetz der Elektrizität: Man kann es für sich nutzen (z.B. für Licht sorgen) oder ihm ausgeliefert sein (z.B. einen Stromschlag abbekommen). Der richtige Umgang entscheidet darüber, ob uns das Gesetz der Anziehung Vorteile oder Nachteile beschert.

Ich habe bereits in meinen anderen Büchern das ABC des bewussten Manifestierens sehr ausführlich beschrieben, doch da die Leserschaft der glücklichen Taschenbuch-Reihe stetig wächst, halte ich es für wichtig, diesen Teil nicht unerwähnt zu lassen. Alle Leser, die meine bisherigen Bücher kennen, können dieses Kapitel bedenkenlos überspringen. Hier nun die Kurzversion des bewussten Wünschens:

BIST DU WUNSCHBEREIT?
Das bewusste Wünschen erfordert eine ausgeglichene und zufriedene Schwingung. Zuallererst gilt es, die JETZT-Situation so zu akzeptieren, wie sie gerade ist (ganz egal, wie sie beschaffen ist, ob es uns gerade gut geht oder ob wir mit einem gebrochenen Bein im Krankenhaus liegen). Wir nehmen unsere Lebenssituation als unsere eigene Kreation an, wir übernehmen voller Hingabe die volle Verantwortung dafür, da wir ihr Erschaffer sind. Hingabe bedeutet: Einverstanden sein mit dem, was ist. Widerstand gegen Bestehendes erhält die bestehenden Dinge. Bevor wir uns ans bewusste Manifestieren begeben, sagen wir also zuallererst JA zu unserem Leben (mit allem, was gerade dazu gehört)!!! So schaffen wir die ideale Ausgangsbasis für bewusstes Manifestieren. Dieser Schritt wird von vielen „Wünschenden" einfach übersprungen und durch diese oberflächliche Vorgehensweise sabotieren viele ihre Wunscherfüllungen. Ja sagen zum Leben bedeutet, dass wir uns mit unserem Leben anfreunden und mit ihm glücklich sind. Den besten Schwingungszustand haben wir dann erreicht, wenn wir uns vor unserem inneren Auge vorstellen können, unsere derzeitigen Lebensumstände liebevoll zu umarmen. Dann stehen wir quasi „über den Dingen" bzw. über unseren Wünschen und befinden uns im zufriedenen Zustand des Überflusses. Wenn wir mit etwas glücklich und zu-Frieden sind, dann füllt es uns aus, dann sind wir wunschlos glücklich und benötigen nichts Zusätzliches, um uns wohl zu fühlen. Der erfüllte Wunsch wäre höchstens das Sahnehäubchen auf der bereits vorhandenen Torte, welche die ohnehin wundervolle Torte noch ein Stück wundervoller machen würde.

„Zufriedenheit ist der Stein der Weisen. Zufriedenheit wandelt in Gold, was immer sie berührt." (Benjamin Franklin)

Halten wir uns vor Augen: „Wer sich ohne Villa / Porsche / viel Geld / Traumpartner / einen tollen Körper nicht glücklich fühlen kann, der wird es auch mit all diesen Wunscherfüllungen nicht sein." Alles darf, nix muss!

Machen wir uns auch klar, dass unsere Wünsche uns absolut zustehen, dass wir ein Recht auf sie haben, dass wir nix Besonderes zu sein brauchen, um unserer Wünsche „würdig" zu sein, dass wir uns ihretwegen nicht für schuldig, gierig oder maßlos zu halten haben. Fülle gehört zum Wesen des Universums und wir sind ein fester Bestandteil des Universums. Gönnen wir uns ruhig das Schönste vom Schönen, das Beste vom Besten, denn nur dann ist der Kanal in uns offen für die Fülle des Universums. Unterdrücken wir unsere Wünsche also nicht aus falscher Bescheidenheit, sondern geben sie frei und fühlen uns wohl mit ihnen!!!

„Der Wunsch ist ein Anklopfen Gottes an die Tür unseres Bewusstseins in dem Versuch, uns größeres Gutes zu geben." (Emilie Cady)

WUNSCHKLARHEIT
Die Wünsche der meisten Menschen gehen oft deshalb nicht in Erfüllung, weil die meisten Menschen gar nicht wissen, was ihre Wünsche sind. Unsere Schwingung kann uns in solch einem Fall keine Wunscherfüllungen bescheren, da sie so ist wie ein Taxifahrer, der ganz genaue Anweisungen benötigt, um uns ans Ziel zu bringen. Einen eindeutigen Weg erhält man nur mit einem eindeutigen Ziel.

„Was nützt der beste Wind, wenn man nicht weiß, wohin man segeln will?" (Seneca)

„Der Ziellose erleidet sein Schicksal – der Zielbewusste gestaltet es." (Unbekannt)

Klären wir also zuerst, WAS wir wollen und WARUM wir es wollen.

Kommen wir zuerst zum „WAS". Beantworte Dir selbst die Fragen: Was macht mir Freude, was will ich SEIN, wie soll mein Leben ausschauen, wo soll's hingehen, was ist mir wirklich wichtig? Bin ich glücklich und zufrieden mit dem, was ich bisher erreicht habe im Leben? Was würde ich tun, womit würde ich aufhören, was würde ich im Leben verändern, wenn ich morgen sechs Richtige im Lotto hätte, wenn ich nur noch eine Woche zu leben hätte, wenn ich alles haben, sein und tun könnte? Was genau will ich und will ICH das wirklich? Oder sind es die Wünsche meiner Eltern, meines Lebensgefährten, meines Umfeldes? Oft ist es so, dass wir denken, etwas sei unser Wunsch, doch tatsächlich ist es so, dass wir glauben, etwas haben oder schaffen zu müssen, weil man es (scheinbar) von uns erwartet. Doch wer seinen eigenen Weg gehen will, sollte nicht andere Menschen fragen, wo es lang geht. Machen wir uns dabei klar, dass wir, wenn wir unserem eigenen Weg folgen und zu den Erwartungen anderer Menschen „NEIN" sagen, nicht etwas GEGEN diese Menschen machen, sondern etwas FÜR uns tun. Entweder akzeptieren das unsere Mitmenschen oder ihr Pech.

„Sie brauchen sich nicht von den Erwartungen, die andere Menschen an sie stellen, terrorisieren zu lassen." (Sue Patton Thoele)

„Sag einfach nein und fühl Dich gut dabei." (Patti Breitman, Connie Hatch)

Also: Was willst DU wirklich? Frage Dich auch, ob Du bereit bist, den Weg zur Wunscherfüllung in letzter Konsequenz zu gehen und alle Folgen dafür in Kauf zu nehmen. Schaffe absolute Klarheit vor Deinem inneren Auge, frei von jeglichem Zweifel. Ohne klare Absichten, Ziele, Wünsche werden auch keine eindeutigen Manifestationen erfolgen. Dann erhältst Du nämlich nur einen Widerhall der Unklarheit. Wir haben oft ganz klare Vorstellungen davon, was wir NICHT wollen. Wir wollen keine Steuern zahlen, wir wollen uns nicht mit unserem Lebenspartner streiten und wir wollen keinen verregneten Sommerurlaub erleben. Wenn wir unseren Fokus auf das Unerwünschte ruhen lassen, dann versorgen wir dadurch das Unerwünschte mit Energie, erhalten es am Leben. Trotzdem kann uns das Fokussieren der unerwünschten Dinge (bis zu einem gewissen Grad) auch hilfreich sein. Sie können uns dabei helfen herauszuschälen, was unser wirklicher Herzenswunsch ist. Wenn wir wissen, dass wir nicht arbeitslos sein wollen, dann wissen wir im Umkehrschluss, dass wir uns einen Job wünschen. Wenn wir uns keine leere Brieftasche wünschen, dann wissen wir, dass wir eine gut gefüllte Brieftasche haben wollen. Wir kommen durch solch eine Kontrastliste unseren Wünschen auf die Spur. Nachdem uns das gelungen ist, richten wir unseren Fokus voll und ganz auf das ERWÜNSCHTE.

Vergessen wir auch nicht das WARUM. Wichtig ist immer, dass wir uns des Gefühls hinter dem Wunsch bewusst werden, denn darum dreht sich letztlich alles. Ein Beispiel dazu: Fast jeder Mensch will gerne im Lotto gewinnen, doch kaum jemand macht sich bewusst, warum eigentlich. Nicht das Geld an sich ist der Wunsch, sondern das Gefühl aus dem Vollen zu schöpfen, sich sicher zu fühlen, nichts mehr tun zu müssen, was man nicht will, mehr Freizeit zu haben, ausschlafen und sorgenfrei sein Leben führen zu können. Sobald das „Warum" vollkommen geklärt ist, das heißt, sobald uns die glücklich machenden Vorteile voll und ganz bewusst sind, die mit der Erfüllung des Wunsches einher gehen, haben wir eine starke Motivation aufgebaut, die ein Feuer der Freude in uns entfachen. Wir sind dann gerne bereit, alle Energie, Kraft und Zeit der Welt in unsere Wünsche zu „investieren". Ohne die Klärung des WARUM ist die Motivation nicht stark genug.

Was ebenso wichtig ist, ist die Herzqualität des Wunsches: Alles, was wir uns wünschen, sollte aus der Liebe heraus kommen. Ich bin fest davon überzeugt: Je mehr unsere Wünsche höheren Zielen und der Allgemeinheit dienen, umso leichter gehen sie in Erfüllung. Der für mich allergrößte (Wunsch-)Erfolg ist immer der, welcher auch anderen Erfolg und Freude beschert.

Sollte nach den beschriebenen Schritten bezüglich Deiner Wünsche immer noch Unklarheit herrschen, dann wünsche Dir einfach absolute innere Klarheit und Gewissheit. Auch das kann man sich in sein Leben ziehen.

DEN WUNSCH FORMULIEREN
Formulieren wir unsere Wünsche stets positiv, klar und deutlich in der ICH- und Gegenwartsform. Ich gehe dabei meist nach der Devise: „Keep it simple" bzw. „In der Kürze liegt die Würze" und mache für gewöhnlich keine langen Formulierungen (z.B. „Ich bin dankbar dafür, dass ich eine glückliche Partnerschaft führe."). Dabei ist zu beachten, dass wir dem Universum keine Befehle erteilen und auch nicht betteln, sondern wie mit einem guten, vertrauen Freund sprechen und ihn um einen selbstverständlichen Gefallen bitten.

Auch wenn uns eine Kontrastliste dabei helfen kann, heraus zu bekommen, was wir wollen, sollte bei der Wunschformulierung immer nur das zum Ausdruck gebracht werden, was erwünscht ist, nie das, was unerwünscht ist. Also nicht „Ich wünsche mir keine Krankheit", sondern „Ich wünsche mir Gesundheit". Jeder, der das „Nicht-Erwünschte" ausdrückt, befindet sich im Mangelbewusstsein und sorgt nach dem Gesetz der Anziehung (bzw. der Macht der Aufmerksamkeit), dass noch mehr Unerwünschtes entsteht. Zudem sollten wir uns auch stets vor Augen halten, dass unser Unterbewusstsein keine Negationen und Verneinungen kennt (Wörter wie „nicht" und „kein"). Wenn wir uns also wünschen: Ich will nicht krank werden" oder „Wir wollen keinen Krieg", dann versteht unser Unterbewusstsein: „Ich will krank werden" und „Wir wollen Krieg" – und sendet das als „Bestellung" ab (Krieg gegen den Krieg führt nur zu noch mehr Krieg).

Ich füge in meine Wunschformulierungen zum Schluss immer noch die Worte „oder etwas Besseres" hinzu. Es kann sein, dass unsere derzeitige Vorstellungskraft ein wenig getrübt ist. Durch die Formulierung „oder etwas Besseres" erhalten wir uns die Möglichkeit, dass jene Dinge, die unsere momentane Vorstellungskraft übersteigen, trotzdem zu uns gelangen können.

Aus eigenem Erleben weiß ich, dass Wünsche und Ziele schnell in Vergessenheit geraten können, wenn man sie nicht aufschreibt. Das Aufschreiben gibt unseren Wünschen Gestalt, es „verkörpert" sie (schriftlich), macht sie konkreter, realer, echter, beständiger. Indem man seine Wünsche zu Papier bringt, hat man sie besser vor Augen, sie gewinnen an Klarheit, wir fokussieren uns viel intensiver auf sie, so dass sich die Energie erhöht, mit der man sie absendet und sie somit zu einem „Dauerauftrag" macht.

Zum Schluss liest man sich seine Wunschformulierung noch einmal laut vor und achtet dabei auf das Bauchgefühl bzw. aufs Herz. Warum das so wichtig ist? Um festzustellen, ob es ein echter Herzenswunsch oder eine reine Kopfkreation ist.

„Hört auf Euer Herz, es zeigt Euch den richtigen Weg!" (Unbekannt)

Die Wissenschaftler des kalifornischen Heart-Math Institutes haben das Herz und die Energien, die es erzeugt, über viele Jahre hinweg sehr genau untersucht. Dabei machten sie die unglaubliche Entdeckung, dass das elektromagnetische Feld der Herzens fünftausend Mal mehr Energie abstrahlt, als beim Denken entsteht. Das menschliche Herz ist Sender der stärksten Schwingungen, derer der Mensch fähig ist. Was wir von Herzen wollen, das will auch uns. Wenn unser Herz uns bestätigt, dass der Wunsch zu unserem Besten ist, dann ist die Formulierung gut gewählt und verstößt gegen keines unserer Glaubensmuster. Sollte das nicht der Fall sein, dann sollten wir eine neue Formulierung wählen, bis der Wunsch innerlich akzeptiert wird, oder unser Glaubensmuster verändern. Solange sich Gefühle melden, die mit dem Wunsch nicht einverstanden sind, bleibt unsere Schwingung „wunschuntauglich".

GEHEIMHALTUNG
Ganz wichtig ist auch: Erzähle Deine Wünsche nicht weiter, behalte sie für Dich. Dadurch bleibst Du frei von äußeren Einflüssen, die Deine Wunschbestimmung beeinträchtigen könnten. Teilt jemand Deinen Glauben an das Gesetz der Anziehung nicht und weiß von Deinen Wünschen, könnte sein Unglauben Dich „anstecken". Deshalb lautet hier das oberste Gebot: Geheimhaltung.

IMAGINIERE DEINEN WUNSCH

Kann denn eine feste Überzeugung, dass ein Ding so ist, es dazu machen?" Er entgegnete: „Alke Dichter glauben, dass sie dies kann und in allen Zeitaltern der Imagination hat diese feste Überzeugung Berge versetzt. Viele sind jedoch einer festen Überzeugung nicht fähig." (William Blake)

Mache Dir klar, dass Du nichts erschaffen kannst, was nicht bereits in Deinem Inneren vorhanden ist. Und als nächstes mache Dir bewusst, dass Du in Deinem Inneren bereits alles besitzt, da Du ein Teil von ALLEM bist (das ist kein esoterisches Gefasel, die Quantenphysik bestätigt uns, dass es im gesamten Universum nichts voneinander Getrenntes gibt, sondern dass alles mit allem eng vernetzt ist.) Sei einfach davon überzeugt, dass Du das Gewünschte bereits besitzt. Alles ist in deinem Innersten schon vorhanden und es war immer schon da.

„Siehe Dich und den Wunsch nicht als getrennt an, sondern als eine Einheit. Ihr gehört zusammen." (Ludwig von Erlenbach)

Am besten schaffst Du das durch Imaginieren der Wunscherfüllung. Imagination ist eine Technik, bei der wir uns eine bestimmte Situation (möglichst in allen Einzelheiten) vor unserem "inneren Auge" vorstellen und in sie eintreten. Das ist ein überaus mächtiges Hilfsmittel, denn wie wir wissen, erschaffen wir unsere Lebensumstände durch unseren **GLAUBEN**, durch die geistigen Bilder in uns.

„Phantasie ist alles. Sie ist die Vorschau auf die zukünftigen Attraktionen des Lebens." (Albert Einstein)

Unser Vorteil bei der ganzen Geschichte ist, dass unser Unterbewusstsein nicht in der Lage ist, Fiktion und Realität zu unterscheiden. Wenn wir uns etwas **GLAUBHAFT** vorstellen können, dann „denkt" unser Unterbewusstsein, es ist real und entwickelt die entsprechende Schwingung. Das, was wir zu sein, zu haben und zu besitzen **glauben**, setzt die Manifestation dann in Gang. Wir nehmen unsere Wunscherfüllungen in Gedanken und Gefühlen also einfach vorweg, unsere Wünsche sind somit (virtuell) bereits erfüllt, weil wir sie in unserer Vorstellung bereits sehen, hören, riechen, schmecken, anfassen und fühlen können. Damit übertreten wir die Grenze zwischen bloßer Träumerei und bewusstem Manifestieren. Etwas wünschen ohne daran zu glauben, ist wie eine Blume ohne Wurzeln.

Wenn wir uns unsere Wünsche nicht bereits als erfüllt vorstellen und die Erfüllung im Morgen sehen, dann „halten" wir die Wunscherfüllungen beständig in der Zukunft.

Denken wir bitte daran: Die Imagination sollte so intensiv sein, dass sie uns auch die entsprechenden Gefühle suggeriert. Wir können nichts realisieren, das wir uns nicht gefühlsbetont und GLAUBHAFT vorstellen können.

„Was der menschliche Geist sich vorstellen kann, das kann er auch erreichen." (Napoleon Hill)

Die Methode der Imagination ist übrigens nicht neu und wird im Mentaltraining genutzt: Viele Olympiasportler stellen sich bereits lange vor der Olympiade vor, wie sie auf dem Siegertreppchen stehen und ihre Goldmedaille in Empfang nehmen. Durch ihre Vorstellungskraft befinden sie sich auf der Überholspur zur Wunscherfüllung. Auch Schauspieler nutzen die Macht der Imagination. Sie stellen sich die fiktive Filmfigur vor, die sie spielen und tauchen „mit Haut und Haaren" in ihre Vorstellung ein. In unserer Phantasie gibt es keine Grenzen und diesen unschätzbaren Vorteil sollten wir nutzen. Man kann die Imagination mit Hilfsmitteln (Energie-Verstärkern) unterstützen. In meinem Werk **Das glückliche Taschenbuch – 100 Wege zur Wunscherfüllung"** habe ich 100 Energie-Verstärker beschrieben, die unseren Glauben an die Wunscherfüllung fördern.

WUNSCHUNABHÄNGIG BLEIBEN

Damit es zur Wunscherfüllung kommen kann, müssen wir den Wunsch zuvor los- bzw. freilassen. Das gelingt uns am besten, indem wir unsere Aufmerksamkeit im Hier und Jetzt belassen und gut drauf sind, uns in die Wohlfühl-Zone begeben und eine konstant harmonische Schwingung beibehalten. Wünschen wir, ohne mit dem Gewünschten verhaftet zu sein, ohne davon besessen zu sein, frei nach dem Motto: „Ich WILL mir etwas wünschen und ich KANN es jederzeit haben, aber ich MUSS es nicht unbedingt haben!" Je wichtiger wir den Wunsch für unser Lebensglück machen, umso abhängiger machen wir uns von ihm. Und das baut inneren Druck auf und erzeugt eine Schwingung, die uns von der Wunscherfüllung trennt. Drängen wir uns dem Leben nie auf.

Ich wünsche grundsätzlich nie mit dem inneren Druck, etwas unbedingt haben zu müssen, um dadurch happy zu werden und bleibe somit unabhängig von der Wunscherfüllung. Zum Beispiel kam meine Traumfrau in mein Leben, nachdem ich diesen Wunsch losließ. Zudem hatte die innere Einstellung, dass ich auch alleine glücklich sein kann. Gib auch Du jegliche Bindung an das Endresultat auf, lieber Leser. Das bedeutet nicht, dass Du Deine Wünsche aufgeben sollst, sondern nur, dass Du Deinen Gemütszustand nicht von ihrer Erfüllung oder Nichterfüllung abhängig machst.

Du darfst ALLES haben, Dein Glück solltest Du jedoch abhängig machen von NICHTS." (Christian Reiland)

Erst wenn wir den Wunsch loslassen, ermöglichen wir seine Erfüllung, denn erst dann öffnen wir uns dem Universum. Solange wir etwas festhalten, binden wir uns daran. Sich an etwas binden, entspringt der Angst bzw. dem Mangelbewusstsein (der Überzeugung, dass unsere Wünsche unerfüllt bleiben). Und solange wir uns in der Schwingung des Mangels befinden, ziehen wir nur weiteren Mangel an. Den Wunsch im Vertrauen loslassen befreit uns vom Mangeldenken (Vertrauen ist eine angeborene Fähigkeit, die jeder von uns hat; als Säugling hatten wir alle ein Urvertrauen, welches uns ein grenzenloses Gefühl der Sicherheit vermittelte). Die Fähigkeit loslassen zu können beruht auf dem Glauben der Macht IN UNS, alles mühelos und jederzeit erschaffen zu können. Je bewusster man sich dessen ist, umso leichter kann man loslassen, denn HEY, selbst wenn wir etwas freilassen, wir können es jederzeit wieder in unser Leben ziehen. Unsere Angst beruht tatsächlich nur auf Unwissenheit, nämlich der Unwissenheit unserer wahren schöpferischen und universellen Natur. Das Loslassen verdeutlicht, dass man sein wahres Selbst kennt, dass man erkannt hat, dass das Glück in uns gebildet wird und unabhängig bleibt von äußeren Begebenheiten, welche nur Symbole des Glücks sind, aber nicht das Glücksgefühl selbst (tauschen wir nicht unser Selbst gegen Symbole aus). Vergessen wir auch nicht, dass wir quantenphysikalisch gesehen in einer Energiewelt leben, in der alles fließt. Nichts im Leben ist fürs Festhalten gemacht. Etwas festhalten bedeutet Stillstand und das Blockieren des Lebensflusses. Lassen wir dieses Verständnis so tiiieeef wie möglich in uns einsinken.

**Wichtig:
Alle sonstigen Methoden nützen nichts, wenn es mit dem Loslassen nicht klappt.**

„Was man liebt, muss man frei lassen. Kehrt es zu Dir zurück, gehört es Dir. Wenn nicht, hat es Dir nie gehört." (Sianus)

ÜBERLASSE DAS „WIE" DEM UNIVERSUM

Sobald wir alle bisherigen Schritte vollzogen haben, können wir uns mit dem Gefühl „Ich habe alles getan, was nötig ist" beruhigt zurück lehnen und auf die Lieferung warten. Unser „reicher Freund" (das Universum) übernimmt von nun an die ganze Angelegenheit und sucht wie eine Suchmaschine im Internet nach unserer Wunscherfüllung. Es gibt Billionen von Möglichkeiten, wie der Wunsch in Erfüllung gehen kann. Das WIE, WO, WANN, WOHER ist in guten Händen und vermutlich schon festgelegt und bestens organisiert. Uns interessieren nur das WAS und das WARUM. Wie das Universum unseren Wunsch genau verwirklicht, kann uns vollkommen egal sein. Zerbrechen wir uns darüber nicht den Kopf, denn das würde den Manifestationsprozess nur stören. Der Bauer, der was gesät hat, reißt auch nicht ständig Pflanzen heraus, um nachzusehen, wie der Wachstum der Pflanze im Einzelnen vor sich geht. Wir haben den Samen gesät und das reicht. Die Möglichkeiten des erfinderischen Universums sind unbegrenzt und die Resultate überwältigend. Wie es später letztendlich zur Wunscherfüllung gekommen ist, muss von uns auch nicht verstanden werden. Es heißt nicht ohne Grund: „Die Wege des Herrn sind unergründlich." Bleiben wir innerlich frei von der Frage nach dem „WIE" und genießen das Leben, haben Spaß und pflegen eine „relaxte", vertrauensvolle Schwingung. Unsere Wünsche erfüllen sich, solange wir unserer ersten, überzeugten Schwingung treu bleiben.

ACHTE AUF HINWEISE

Was bleibt noch zu tun? Nun kommt es darauf an, zur richtigen Zeit am richtigen Ort zu sein, um die bestellten Wunschpakete auch als solche zu erkennen und in Empfang nehmen zu können. Hier nimmt unsere Intuition eine gewichtige Rolle ein. Sie signalisiert uns, die Gunst der Stunde zu nutzen und Wege zur Wunscherfüllung nicht ungenutzt zu lassen (siehe **„Das glückliche Taschenbuch – Intuition und Wünschen"**). Die Möglichkeiten und Kapazitäten der Intuition sind im Gegensatz zum begrenzten rationalen Denken unendlich. Intuition ist TIEFSTES WISSEN!!!

„Es gibt eine Intelligenz in uns, jenseits der Verstandesgrenzen, eine grenzenlose innere Weisheit, die unser Leben erleuchtet, ...wenn wir uns ihr anvertrauen. Wir finden sie nur in der unmittelbaren Gegenwart, im Hier und Jetzt. Sie ist immer da, sie ist das wahre Leben." (Hans Kruppa)

Wenn wir eine Eingebung, eine spontane Idee oder Hinweise in der Außenwelt erhalten (wie z.B. einen daher gesagten Satz eines Mitmenschen, einen Song im Radio, eine Schlagzeige in der Tageszeitung usw.), die unserem Verstand unlogisch erscheinen, unser erster intuitiver Impuls uns aber sagt, dass wir dem Hinweis folgen sollten, dann sollten wir das vertrauensvoll tun. Bereits Friedrich Schiller betonte, dass die Stimme des Herzens unseren Verstand ausdeuten sollte (die meisten Menschen verfahren leider genau andersherum).

Lassen wir uns auch nicht verunsichern, dass auf den ersten Blick nicht genügend Geld, Beziehungen oder Fachwissen vorhanden sind, um ans Ziel zu gelangen. Aus meinem eigenen Leben weiß ich hundertprozentig, dass sich auf dem Weg zum Ziel plötzlich alles Erforderliche einfindet, solange man vertrauensvoll seiner Intuition folgt.

HANDELN
Nachdem wir geistige Ursachen gesetzt haben, sollten wir dort nicht stehen bleiben. Unsere Wünsche werden erst dann wahr, wenn wir unseren intuitiven Impulsen folgen und ins Handeln übergehen. Wenn wir uns z.B. einen Job wünschen, bedarf es für gewöhnlich eines Blickes in die Zeitung oder anderer Aktivitäten. Wünschen OHNE zu handeln ist wie das Hoffen auf einen Lottogewinn, ohne Lotto gespielt zu haben.

„Es gibt im Leben nur zwei Sünden: Wünschen ohne zu handeln, oder zu handeln, ohne ein bestimmtes Ziel." (Josef Schmidt)

„Nichts widersteht, Berge fallen und Meere weichen vor einer Persönlichkeit, die handelt." (Emilie Zola)

DANKBARKEIT
Jeder einzelne Wunscherfolg beflügelt uns und sollte dementsprechend gewürdigt werden. Ich selbst freue mich über jede Wunscherfüllung und strahle dabei pure Dankbarkeit aus. Die wirkt in Bezug auf Wunscherfüllungen wie ein Magnet. Denn kaum erhält man etwas, was man sich gewünscht hat, ist man dankbar dafür. Das Gefühl der Dankbarkeit wird in unserem Unterbewusstsein damit gleich gesetzt, dass man etwas erhalten hat bzw. dass sich ein Wunsch erfüllt hat. Und durch unsere „Dankbarkeits-Schwingung" ziehen wir noch mehr Gründe an, um dankbar zu sein.

Es ist also nie verkehrt, von Herzen dankbar zu sein. Freuen wir uns zunächst einmal über das, was schon alles da ist. Zähle ich täglich Dinge auf, für die ich dankbar bin, entstehen automatisch fröhliche Gedanken. Ich betrachte es bereits als Glück zu leben, hier und heute auf diesem Planeten zu sein. Ich bin dankbar für die liebevollen Menschen in meinem Umfeld, für ein Dach über dem Kopf, für mein Bett, für mein tägliches Essen, dafür, wenn mich jemand freundlich behandelt und vieles mehr. Für all das bin ich voller Dankbarkeit (und auch für die Schwingung, die daraus entsteht).

Man kann übrigens die Dankbarkeit auch schon vor der Wunscherfüllung aussenden. Mit einer solch harmonischen Schwingung sind harmonische Lebensumstände garantiert.

SEIN LEBEN AUF DEN WUNSCH AUSRICHTEN

Was viele Menschen irrtümlicher Weise annehmen, ist Folgendes: Sie gehen davon aus, dass es ausreicht, ab und zu einen Wunsch loszusenden und danach so weiter zu leben wie gehabt. Es bringt uns aber „wunschtechnisch" nicht weiter, wenn wir für ein paar Minuten während unseres Wunschrituals eine harmonische Schwingung entwickeln und die restlichen Stunden des Tages disharmonisch verbringen. Das ist so, als würde man zehn Minuten täglich Sport machen, um abzunehmen, den restlichen Tag aber zig kalorienreiche Süßigkeiten zu sich nehmen. Da kann man keinen wirklichen Fortschritt erwarten.

Vergessen wir nicht, dass wir ununterbrochen eine Schwingung aussenden, die unsere Lebensumstände erschafft, nicht nur die wenigen Minuten während des Wünschens. Wir sind Schöpfer, und zwar immer. Schöpfersein lässt sich nicht abstellen - es gibt keine Pause, wir sind ständig auf Sendung, das Leben spiegelt uns unsere Schwingung permanent wider. Das Beste, was wir also tun können, ist unser gesamtes Leben so liebevoll, harmonisch und sanftmütig wie möglich zu leben, es zu einer Grundeinstellung unseres Lebens zu machen, zu unserer Lebensphilosophie. Ganz egal, WAS wir gerade machen, ob wir gerade ganz bewusst einen Wunsch absenden oder die Wohnung staubsaugen – wichtig ist es WIE wir es tun: harmonisch oder disharmonisch. Die liebevolle und harmonische Realität, die wir uns wünschen, muss sich in unserer Lebensweise, in dem, was wir denken, fühlen, sagen und tun, wider spiegeln. Und das geht nur, wenn wir uns selbst in Liebe annehmen (siehe **„Das glückliche Taschenbuch wunderbarer Zweisamkeit – Wie Liebesglück gelingt, vom Wunsch zur Wirklichkeit"**). Dadurch setzen wir ständig harmonische Ursachen und als unabänderliche Folge davon werden ständig harmonische Dinge auf uns zurück kommen.

Nur wer beständig und kontinuierlich Schönheit und Glück lebt, kann beständig und kontinuierlich Schönheit und Glück in sein Leben ziehen. Es liegt ganz an uns zu entscheiden, ob wir eine Pflanze des Unglücks oder einen Baum des Glücks nähren möchten. Mit harmonischen Glaubenssätzen, die man 24 Stunden täglich ausstrahlt, ist ein beständig glückliches Leben ein Kinderspiel.

Es kann durch unsere Neuausrichtung auch dazu kommen, dass Menschen, die schwingungsmäßig nicht mit uns in Resonanz stehen, aus unserem Leben fort gehen. Doch kein Grund zur Sorge, denn gleichzeitig ziehen wir neue Menschen in unser Leben, die zu unserer Schwingung passen.

„Mach Dir keine Gedanken über die Menschen aus Deiner Vergangenheit, denn es hat schon seinen Sinn, warum sie es nicht in Deine Zukunft geschafft haben." (Unbekannt)

WAS, WENN DER WUNSCH TROTZDEM UNERFÜLLT BLEIBT?
Wenn alle Wunschbemühungen ins Leere zu laufen scheinen, dann sollten wir uns die Angelegenheit noch einmal genauer ansehen. Womöglich erkennen wir dabei, dass durch die Nichterfüllung ein auf den ersten Blick nicht erkannter Herzenswunsch erfüllt wird und einen Nutzen für uns hat.

„Wenn Du nicht bekommst was Du willst, bedenke, dass das Dein Glück sein kann." (Dalai Lama)

Kommt es nicht zur Manifestation, könnte das auch bedeuten, dass die ausgesandten Gedanken und Gefühle noch etwas Zeit benötigen, um manifestationsfähig zu werden. Ein weiterer Grund für nichterfüllte Wünsche kann sein, dass wir nach unserer Wunschbestellung Gegenschwingungen in Form von Zweifeln hinterher geschickt haben, die die ursprüngliche Bestellung storniert haben (so dass wir dadurch ver-ZWEIFELn), oder auch dass unsere Wünsche sich mittlerweile geändert haben.

Das Wichtigste kommt zum Schluss: Wir sollten nie den Spaß an der Sache verlieren. Sehen wir das Ganze nicht als lästige Pflicht oder als Mittel zum Zweck an. Bei mir ist es so, dass ich die einzelnen Schritte gerne mache, sie bereiten mir Freude, das Imaginieren ist ein einziger Genuss und somit Selbstzweck.

So, lieber Leser, das war ein Schnellschuss durch das Thema „gezieltes Wünschen / Manifestieren". Es sollten alle aufgeführten Punkte berücksichtigt werden. Ausführlicher beschrieben sind die einzelnen Schritte in Mikes und meinem Buch **„Das glückliche Taschenbuch – Warum Wünschen kein Märchen ist"**. Das Buch in Deinen Händen richtet sein Augenmerk vornehmlich auf das Phänomen HYPNOSE und die hypnotische Stärkung, Erweiterung und Veränderung bestimmter, förderlicher Glaubensmuster in punkto Wunscherfüllungen. Und damit sind wir beim nächsten Kapitel, in dem wir uns bewusst machen, wie wichtig unser Glauben ist.

Man kann „Unmögliches" möglich machen, indem man daran glaubt!

Die Macht des Glaubens
(geschrieben von Goran Kikic)

„Unsere Wirklichkeit und unsere Möglichkeiten reichen immer nur so weit wie unser Glaube." (Gerhard Kunze)

Woran wir glauben, bestimmt, was wir wie sehen. Und was wir wie sehen, entscheidet wiederum darüber, wie wir schwingen und was für eine Wirklichkeit wir uns manifestieren. Stelle Dir einmal vor, zwei Männer stehen vor einem Freudenhaus. Einer davon ist ein frommer Kirchengänger, der andere ist jemand, der von Geistlichen nicht besonders viel hält. Plötzlich kommt ein Pfarrer aus dem Bordell. Derjenige, der von Geistlichen nicht viel hält, würde sich bestätigt fühlen und alle Pfarrer für Heuchler halten. Der fromme Kirchengänger wiederum würde davon ausgehen, dass jemand im Bordell gestorben ist und dass der Pfarrer deswegen dort war. Unsere Sichtweise bzw. das, woran wir glauben, ist entscheidend. Und so ist es auch bei unseren Wünschen. Was wir glauben und wie wir etwas sehen, entscheidet darüber, wie realistisch eine Wunscherfüllung ist, ob wir Wunder bewirken können, ob wir uns ein glückliches Leben erschaffen können.

„Die meisten Menschen haben deswegen keinen Erfolg im Leben, weil sie nicht an sich glauben." (Arthur L. Williams)

Dass der Glaube Berge versetzen kann, zeigt uns der Placebo-Effekt. Ein Placebo ist ein Scheinmedikament, welches keinerlei Wirkstoffe enthält. Doch solange der Patient daran glaubt, dass das Placebo ihm helfen wird, setzt es einen Heilungsprozess in Gang und bewirkt nachweislich körperliche Veränderungen. Die Wirkstoffe sind somit der Glaube und seine realitätsschaffende Macht. Mir selbst ist das bereits passiert. Immer, wenn ich absolut sicher bin, dass etwas eintreffen wird, dann trifft es auch ein.

„Weil er an Wunder glaubt, geschehen auch Wunder. Weil er sich sicher ist, dass seine Gedanken sein Leben verändern können, verändert sich sein Leben. Weil er sicher ist, dass er der Liebe begegnen wird, begegnet ihm diese Liebe auch." (Paulo Coelho)

Glaube „funktioniert", das wissen wir alle. Arnold Schwarzenegger glaubte daran, dass er Mister Universum werden kann. Kolumbus glaubte daran, neue Länder zu entdecken. Gandhi glaubte daran, dass er Indien von den Briten befreien kann. Martin Luther King glaubte daran, dass Afroamerikaner die gleichen Rechte bekommen wie weiße Amerikaner. Buckminster Fuller war fest davon überzeugt, dass eines Tages jeder Mensch in der Welt elektrischen Strom nutzen kann. Alle diese Leute manifestierten ihre Wünsche. Und an erster Stelle stand immer der Glaube.

In Houston (Texas) operierte der Orthopäde Dr. James Bruce Moseley im Zuge eines medizinischen Experiments von 180 Arthrose-Patienten zwei Drittel wirklich, die restlichen Patienten wurden nur einer Scheinoperation unterzogen. Kein Patient wusste etwas von diesem Experiment, alle gingen von echten Operationen aus. Um sicher zu gehen, dass der Arzt den Verlauf des Experiments nicht beeinflussen konnte, wurde erst kurz vor der Narkose durch ein Losverfahren bestimmt, wer wirklich operiert werden sollte und wer nicht. Bei den realen Operationen wurde das kranke Kniegelenk aufgeschnitten, der Abrieb ausgespült und die Knorpel geglättet. Bei den Scheinoperationen wurden lediglich einige oberflächliche Schnitte gemacht, so dass die Patienten nach der OP eine „Operationswunde" sehen und an eine echte OP glauben konnten. Nach rund zwei Jahren waren sage und schreibe 90% der Patienten mit der OP zufrieden. Und jetzt kommt der Knaller: Unter den schmerzfreien Patienten waren die scheinoperierten Patienten sogar in der Mehrzahl. Auch hier sehen wir überdeutlich: Es kommt nur auf den Glauben an.

Ein Asthmatiker wurde in seinem Bett von einem schweren Asthmaanfall überrascht. Es war dunkle Nacht und er befand sich in einem Hotel und meinte, er müsste ersticken. Er stürzte durch die Dunkelheit zur Tür, glaubte sie gefunden zu haben, öffnete sie und atmete mehrfach tief durch. Die frische Luft tat ihm gut und sein Asthmaanfall ließ bald nach. Als er am nächsten Morgen erwachte, stellte er fest, dass er nicht die Tür des Zimmers ge-

öffnet hatte, sondern lediglich die Tür des Kleiderschranks. (nach Elmar Hatzelmann)

„Die große Show der Naturwunder" prüfte unter Mithilfe des führenden Placebo-Experten Deutschlands Professor Manfred Schedlowski von der Uniklinik Essen, ob der Preis eines Medikaments irgendwelche Auswirkungen auf den Placebo-Effekt hat. In einem Experiment nahmen zwei Gruppen Placebos in Tablettenform ein. Den Gruppen wurde erzählt, dass die Tabletten konzentrationssteigerndes Ginkgo enthalten. Einer Gruppe wurde gesagt, dass es sich bei den Tabletten um ein sehr kostspieliges und hoch wertiges Produkt handele, der anderen Gruppe teilte man mit, die Tabletten seien ein billiges Massenprodukt. Vor und nach der Einnahme der Placebos wurden die zwei Gruppen schriftlichen Konzentrationstests unterzogen. Das Ergebnis: Die Gruppe mit den angeblich teuren Tabletten erreichte eine Leistungssteigerung von 64%, die Gruppe mit den scheinbar billigen Tabletten schaffte „nur" eine Leistungssteigerung von 48%. Der Glaube, ein kostspieligeres Präparat wirke besser als ein kostengünstigeres, wurde knallharte Realität, obwohl die Tabletten alle gleich waren und keine konzentrationssteigernden Substanzen enthielten.

„Die Dinge erfüllen sich, an die man wirklich glaubt. Der Glaube an etwas macht es geschehen." (Frank Lloyd Wright)

In einem anderen Experiment sagte man einer Gruppe von Medizinstudenten, dass sie ein Beruhigungsmittel verabreicht bekommen. Der anderen Gruppe sagte man, sie würden ein aufputschendes Mittel bekommen. Kurz darauf gab man der ersten Gruppe, die davon ausging, sie würde ein beruhigendes Mittel bekommen, das aufputschende Mittel. Und der zweiten Gruppe gab man anstelle des aufputschenden Mittels das Beruhigungsmittel. Was geschah? Die Erwartungshaltung bzw. der Glaube bestimmte die Wirkung: Mehr als 50% der Medizinstudenten, die davon überzeugt waren, dass man ihnen ein beruhigendes Mittel verabreicht hat, in Wahrheit aber das aufputschende Mittel erhielten, waren ruhig, entspannt und relaxed. Die Studenten, die daran glaubten, sie hätten das aufputschende Mittel bekommen, tatsächlich aber das Beruhigungsmittel erhielten, waren völlig aufgedreht.

Die andere Seite des Placebo-Effekts ist der sogenannte Nocebo-Effekt. Man sagt einem Patienten die Nebenwirkungen eines Medikaments, die frei erfunden sind und der Patient erfährt kurz nach der Einnahme des Medikaments exakt diese Symptome, weil er an sie GLAUBT. Als man Krebspatienten in England eine gewöhnliche Kochsalzlösung gab und ihnen sagte, dass es sich dabei um ein chemotherapeutisches Zellgift handle, verloren 30% der Patienten ihre Haare. Allein ihr Glaube sorgte dafür. Das ist ein sehr eindrückliches Beispiel für die realitätsschaffende Macht innerer Überzeugungen.

In einem Experiment mit Probanden, die unter Strahlenbelastung und Elektrosmog leiden, sollten diese erspüren, wann ein Funkmast, der nach einem Zufallsmuster ein- und ausgeschaltet wurde, Strahlung aussendet und wann nicht. Immer, wenn die Probanden glaubten, der Funkmast sei in Betrieb, fühlten sie sich sehr unwohl. Glaubten sie daran, er sei ausgeschaltet, fühlten sie sich besser. Durch die Doppelbindstudie wies man nach, dass die Strahlungsdosis keine Auswirkungen auf die Testpersonen hatte. Trotzdem hatten alle Symptome, die nachweislich gemessen worden waren.

In Chinas Hauptstadt Peking gibt es ein Krankenhaus, in dem Operationen rein geistig durchgeführt werden. In einem Video von Gregg Braden sieht man die OP einer Frau, in deren Blase sich ein Tumor gebildet hatte. Die behandelnden Ärzte heilten sie durch das Gefühl in ihren Herzen. Sie stellten sich GLAUBhaft vor, die Frau sei bereits geheilt. Anhand einer Ultraschall-Aufnahme konnte man sehen, wie der Tumor mit der Zeit immer kleiner wurde, bis er vollends weg war. Wichtig ist bei solchen Behandlungen natürlich nicht nur die Glaubensstärke der behandelnden Ärzte, sondern auch der behandelten Person. Erst, wenn Arzt und Patient in Resonanz stehen, können sich ihre Schwingungen verbinden und umso stärker wirken.

„Unsere Überzeugungen haben die Macht, den Gang der Ereignisse im Universum zu beeinflussen, ja Zeit, Raum und Materie sowie die Ereignisse, die sich in Zeit und Raum abspielen, buchstäblich zu unterbrechen und umzulenken." (Gregg Braden)

„Der Glaube erkennt das Licht hinter dem Horizont." (Thomas Romanus Bökelmann)

Wunder geschehen immer dann, wenn man an sie glaubt - so einfach ist das. Wer glaubt, er kann, der kann. Und ebenso ist es bei den Menschen, die glauben, dass Glück oder Pech vorbestimmt sind. Auch dieser Glaube wird zur Ursache und schafft Tatsachen. Die Vorbestimmung entsteht durch den Glauben an die Vorbestimmung.

„Nur wenn eine Prophezeiung geglaubt wird, das heißt, nur wenn sie als

eine in der Zukunft sozusagen bereits eingetretene Tatsache gesehen wird, kann sie konkret auf die Gegenwart einwirken und sich damit selbst erfüllen. (Paul Watzlawick)

Man kann die Wirkung eines starken Glaubens auf vielfache Weise zum Ausdruck bringen, beispielsweise durch Gebete.

„Das Gebet ist die stärkste Form erzeugbarer Energie" (Dr. Alexis Carrel)

In den USA betet nahezu jeder fünfte Arzt mit seinen Patienten. So z.B. der Herzspezialist Chauncy Crandall von der Palm Beach-Cardiovascular-Klinik in Florida, der dabei seinen Patienten die Hand auf die Stirn legt und laut um göttlichen Beistand betet. Entscheidend ist auch hier natürlich die Glaubensintensität hinter dem Gebet. Wer nur die Hände faltet und nicht glaubt, kann sich das Gebet sparen.

„Wenn ich glaube, habe ich nichts zu verlieren, wenn ich nicht glaube, habe ich nichts zu erhoffen." (Unbekannt)

Im Jahre 1986 berichtete die Zeitschrift „Medical Tribune" über ein Experiment mit Herzkranken in San Francisco. Das Experiment bestand darin, für eine Hälfte der Patienten zu beten und für die andere Hälfte nicht zu beten. Das Ergebnis: Die Patienten, für die gebetet wurde, benötigten wesentlich weniger Medikamente und hatten deutlich weniger Komplikationen, als die Gruppe, für die nicht gebetet wurde. Die Patienten, für die gebetet wurde, waren als „Empfänger" resonanzfähig für die gedankliche Frequenz der betenden Menschen bzw. der Sender. Mit anderen Worten: Sie glaubten an die Heilwirkung der Gebete und es geschah ihnen nach ihrem Glauben. Sie selbst waren somit die Schmiede ihres „Schicksals".

Interessant in diesem Zusammenhang finde ich persönlich, was über Jesus geschrieben wurde. Er konnte in seiner Heimatstadt Betlehem aufgrund des dort vorherrschenden „Unglaubens der Menschen" offenbar niemanden heilen. Für die dort lebenden Menschen war Jesus der Sohn eines gewöhnlichen Zimmermanns und kein großer Heiler. In „ihrer Realität" war es unmöglich, dass der Sohn eines „Otto-Normalbürgers" Wunder vollbringen konnte. So soll Jesus jedes Mal, bevor er jemanden heilte, gefragt haben: „Glaubst Du?" Wenn als Antwort ein „JA" kam, entgegnete er laut Überlieferung: „Dir geschehe nach Deinem Glauben." Vor diesem Hintergrund wird klar, wie wichtig unser persönliches Umfeld ist, ob es uns eine Hilfe ist oder uns einschränkt, doch dazu mehr im nächsten Kapitel.

Bei der Atombombenexplosion in Hiroshima überlebten vier katholische Geistliche in dem Raum, in dem sie gebetet hatten und fest daran glaubten, geschützt zu sein. Das Gebäude, in dem sie in tiefem Glauben beteten, blieb stehen – und das obwohl es nur 300 Meter von der Abwurfstelle entfernt war. Auch nach der Explosion bis heute bzw. bis zum Ende ihres Lebens, war keinerlei radioaktive Strahlung bei den Geistlichen messbar.

„Glaube ist Vertrauen, nicht wissen wollen." (Hermann Hesse)

Während des Krieges im ehemaligen Jugoslawien versuchte man dreimal den Ort Medjugorje durch Kampfflugzeuge und Bomben zu vernichten. Die Bewohner des Ortes beteten mit einer äußerst intensiven Glaubenstiefe und einem unerschütterlichen Vertrauen um Schutz. Beim ersten Bombenabwurf blendete ein Blitz die Piloten, so dass sie die Aktion abbrechen mussten. Auch der zweite Versuch misslang, denn plötzlich bildete sich dichter Nebel und die Piloten konnten den Ort nicht mehr sehen. Beim dritten Versuch schließlich gelang es den Piloten, drei Bomben abzuwerfen. Sie fielen auf ein Haus am Ortsrand, aber keine der Bomben explodierte. Der amerikanische Professor Boguslav Lipinski konnte in Medjugorje mittels eines Spannungsmessers unglaublich starke Energiefelder messen, die durch gemeinsames Beten bzw. durch den gemeinsamen Glauben entstanden. Und das ist erst ein Bruchteil dessen, was ein starker Glaube sonst noch zu schaffen vermag.

Solche und andere Beispiele gibt es viele.

„Jedem Gebet, jedem Gedanken, jeder Aussage, jedem Gefühl - wohnt eine schöpferische Kraft inne. In dem Maße, wie es aus ganzem Herzen als Wahrheit erachtet wird, wird es sich auch in Deiner Erfahrungswelt manifestieren." (Neale Donald Walsch)

Fazit: Ein starker Glaube beeinflusst die Realität, unsere Heilkräfte, Wunscherfüllungen, Atome - einfach alles. Der Glaube ist eine wirklichkeitsschaffende Kraft, der Glaube schafft Tatsachen, Glauben IST Verursachen, Manifestieren, Schöpfen. Mann kann es auch so sagen: Jedem geschieht nach seinem innersten Glaubenssatz. Jeder zieht das Glück, den Erfolg und die Gesundheit ins Leben, wie der eigene Glaube es zulässt. Ein glückliches Leben ist erst dann möglich, wenn man an ein glückliches Leben glaubt.

Unser Glaube sollte deshalb unser Lenkrad sein - und nicht unser Ersatzreifen! Jetzt wird vielleicht auch klar, wieso Optimisten oft so erfolgreich sind. Sie glauben stets an einen positiven Ausgang und sind davon überzeugt, dass sie alles schaffen, was sie sich vornehmen. Optimisten sind nicht unbedingt klüger, talentierter oder cleverer als pessimistisch eingestellte Menschen, aber sie haben förderlichere Glaubenssätze und stärken sie bereitwillig.

„Nähre Deinen Glauben und Deine Zweifel werden verhungern." (Rabindranath Tagore)

„Zweifeln wir an der Power, dann powern wir nur unsere Zweifel!" (Die Fantastischen Vier)

Merksatz:
Wenn wir von etwas fest überzeugt sind, dann entwickeln wir eine Schwingung, die mit der Schwingung des von uns Geglaubten vollkommen übereinstimmt und es anzieht. Der Glaube ist ein übermächtiges Werkzeug und für das bewusste Erschaffen unserer Lebensumstände der ausschlaggebende Faktor. Es ist deshalb von allergrößter Wichtigkeit, dass wir daran glauben, dass wir davon überzeugt sind, dass unsere Wünsche wahr werden, unabhängig davon, was andere Menschen dazu sagen. Sagen wir uns aus dem Herzen: „I believe!!!"

„Ich glaube Leuten nicht, die mit anderen über ihren Glauben, besonders in einer Bekehrungsabsicht sprechen. Glauben lässt kein Reden zu. Er muss gelebt werden und spricht dann für sich selber." (Gandhi)

Halten wir uns das bitte immer und immer wieder vor Augen: Nicht was wir uns wünschen trifft ein, sondern immer nur das, woran wir tief in uns **GLAUBEN** (wobei ich mittlerweile fast immer an das glaube, was ich mir wünsche ☺). Ich möchte Dir deshalb ans Herz legen, Dich täglich mit Deinen Glaubensmustern zu befassen (die beste Investition ist die in sich selbst, denn sie bringt die meisten Zinsen). Es bewahrheitet sich immer das, wovon wir überzeugt sind. Wenn wir also wissen, was wir wollen, dann geht es als nächstes darum, an die Verwirklichung des Gewünschten zu glauben und diesen Glauben fest im Unterbewusstsein zu verankern.

An ein glückliches Leben glauben, heißt ein glückliches Leben erschaffen.

Wie ich das Gesetz der Anziehung kennenlernte

(geschrieben von Goran Kikic)

Vor einigen Jahren erlebte ich meinen persönlichen Niedergang. Ich ging mit meinem Gewerbe pleite, war hoch verschuldet, finanztechnisch wirklich am untersten Ende der Leiter, beantragte Insolvenz und meine Eltern befanden sich mitten im Scheidungskrieg. Es war der absolute Super-GAU, der mich abwärts zog und mir die Luft zum Atmen nahm. Plötzlich stand ich ohne Einkommen da, ohne einen müden Cent in der Tasche. Ich bemühte mich zwar um einen Job, aber immer wenn ich einen ergattern konnte, war er meist nicht von langer Dauer, da ich mental einfach ein nervliches Wrack und nach kurzer Zeit völlig überfordert war. Ich kam mit nichts mehr klar, alles störte mich, nichts an dieser Welt gefiel mir – ich am allerwenigsten. Ich fühlte mich gegen den Strich gebürstet in meinem innersten Dasein, ich lebte und lebte irgendwie doch nicht, war gefühl- und leblos wie ein Grab. Was ich damit meine: Mein Leben verlor jeglichen Geschmack, es war eine einzige Last, schwerer als ein Container voller Steine. Wenn das Leben eine Schule ist, dann war das vermutlich der Moment, in dem ich sitzen geblieben war. Es flossen in dieser Zeit viele Tränen und ich hasste alles und jeden. Es gibt immer zwei Möglichkeiten, mit so einer Situation umzugehen: Mit Selbstmitleid und ohne Selbstmitleid. Lange Zeit herrschten bei mir Selbstmitleid und Selbsthass vor, was mich nur noch mehr in die Krise stürzen ließ. Mir war zwar klar, dass etwas Grundlegendes falsch läuft in meinem Leben, aber ich wusste nicht was. Ich sehnte mich nach einem schöneren Leben, aber ich wusste nicht, wie das zu schaffen sei. Und so verstrichen die Jahre. Mein Bruder, der sich immer sehr für Literatur mit spirituellen Themen interessierte, gab mir Bücher, welche mich innerlich aufrichten sollten. Darunter befanden sich auch Bücher, welche sich mit dem Thema „bewusstes Wünschen" (oder auch bewusstes Manifestieren) befassten. Wie sich später noch herausstellen sollte, sollten diese Bücher in meiner damaligen Finsternis zu einem Leuchtturm des Glücks werden. Wie nachhaltig sie mein Leben noch verändern würden, ahnte ich zum damaligen Zeitpunkt nicht im Entferntesten.

Lieber Leser, bereits da zog ich das an, was ich mir schon so lange sehnlichst gewünscht hatte: **Eine Lösung für meine unglückliche Lebenssituation, in Form der Bücher** *(auch wenn ich sie nicht gleich erkannte, weil mein besserwisserischer Verstand immerzu dazwischen plapperte).*

Diese Literatur erklärte, dass man mittels seiner Gedanken und Gefühle sein gesamtes Leben neu kreieren kann. Das ganze Thema konnte mir zu Beginn nur ein ungläubiges Lächeln abgewinnen. Das war alles einfach zu weit entfernt von meinem damaligen, unflexiblen Weltbild (welches auch wissenschaftliche Daten aus der Quantenphysik ignorierte, sich aber trotzdem für sehr wissenschaftlich hielt). Nach den ersten Seiten dachte ich: „Was ist denn das für ein Müll??? SO einfach kann das doch gar nicht sein. Man wünscht sich etwas, glaubt ganz fest dran und dann wird es früher oder später wahr? Schön wär's." Tja, das war mein von der Gesellschaft konditionierter Verstand (lat. conditio= Bedingung), der sich da zu Wort meldete, lieber Leser (also nicht MEIN Diener, sondern im Dienste der Gesellschaft und dem gesellschaftlichen Weltbild). Aber nach immer mehr Büchern hörte ich immer mehr meine Intuition zu mir sprechen: „Versuche es doch einfach einmal. Was hast Du schon zu verlieren? Nichts! Aber zu gewinnen hast Du verdammt viel!"

Um mir ein schöneres Leben zu ermöglichen, war es erforderlich, all das, was man mir von der Kindheit an bis heute als Wahrheit über das Leben erzählt hat, zu hinterfragen. Und das tat ich, auch wenn es mir anfangs schwer fiel. Diese „Deine Gedanken und Gefühle erschaffen Realität-Sichtweise" stellte so ziemlich alles auf den Kopf, was ich bis dahin zu wissen glaubte. Ich fragte mich zuvor ständig, warum das Leben ein solcher Kampf sein muss. Nach dem Lesen der „Wunschbücher" bildete sich folgende Gedankenkette in mir: „Hmmm, wenn die Bücher recht haben, dann liegt die Macht über unser Leben in unseren Gedanken und Gefühlen. Und meine Gedanken und Gefühle waren in letzter Zeit alles andere als schön. Mein Geist ist total verschmutzt. Da hängen in aller Heimlichkeit Blockaden und Widerstände an mir, die mich total ausbremsen. Ich bin voller Meinungen, die gar nicht von mir sind, ich habe mich innerlich vollkommen abgespalten von mir selbst." Es ist also allerhöchste Eisenbahn, die schädlichen, teils lebenslangen Gewohnheiten hinter mir zu lassen und meinem grenzenlosen Potenzial endlich Raum zu schaffen."

„Nichts ist so erfrischend wie ein beherzter Schritt über die Grenzen." (Keith Haring)

Mir dämmerte immer mehr: „Es könnte alles gaaaanz anders sein. Viel schöner, besser, einfacher und vor allem glücklicher." Was für eine wunderbare Erkenntnis. Und mit dieser inneren Motivation machte ich mich daran, mein Leben harmonisch zu leben (manchmal meditierte ich 14 Stunden am Stück), mich meinen Mitmenschen wieder zu öffnen, meine Situation anzunehmen und meine innersten Wünsche zu ermitteln, was mehrere Wochen in Anspruch nahm. Das lohnte sich, denn zu guter Letzt wusste ich zu 100%, was ich (damals) von Herzen wollte.

„Das größte Geheimnis des Glücks ist, mit sich selbst im Reinen zu sein." (Bernard Le Bovier de Fontenelle)

Und so formulierte ich vier Wünsche:

1.)
Eine glückliche Partnerschaft, mit der Frau, die am Besten zu mir passt und mich glücklich macht, und die ich auch glücklich mache.

2.)
Einen schönen, entspannten Urlaub mit viel Sonne, Strand und Palmen.

3.)
Die finanzielle Möglichkeit, mich wieder meinem Krafttraining und meinen drei Kampfkunstarten widmen zu können.

4.)
Ein Auto, mit dem ich viele Alltagsarbeiten komfortabler erledigen kann.

Nachdem ich meine Wünsche mehrmals täglich imaginierte, sie zeichnete und schrieb, unzählige Affirmationen sprach, Selbstliebe-Übungen machte und vieles mehr, GLAUBTE ich an ihre baldige Erfüllung. Ich ließ sie los, widmete mich freudig dem Hier und Jetzt und schon bald darauf ging es Schlag auf Schlag. Ich lernte meine Traumfrau kennen, sie lud mich nach Mauritius ein, schenkte mir Gutscheine mit einer Gültigkeit von über einem Jahr für meinen Kraftsport sowie für Privattraining in meinen Kampfkunstarten, und zu guter Letzt erhielt ich, nachdem sie sich einen neuen Wagen kaufte, ihren Ford Mustang (siehe auch: **Das glückliche Taschenbuch grandioser Wunscherfolge**).

„Eines Tages tritt der Mond doch hinter der Wolke hervor." (Persisches Sprichwort)

Caramba!!! Als ich realisierte, dass alle meine vier Wünsche kurz hintereinander in Erfüllung gegangen waren, war das einer dieser magischen Momente…ich kann das gar nicht beschreiben. Es war ein unbeschreiblicher Moment der Erleichterung, der Lebenslust und der inneren Erfülltheit. Mir war das noch gar nicht so richtig klar, aber Tatsache war: Ich hatte eine neue Realität geschaffen bzw. meine bisherige Realität ausgeweitet!!! Diese Sache funktioniert wirklich. Vier Volltreffer, vier Wünsche und alle vier waren plötzlich handfeste Realität. Das zeigte mir, dass ein Blitz viermal an derselben Stelle einschlagen kann. Diese Erfahrung veränderte mein Leben, meine Überzeugungen, einfach alles. Das Ganze war nicht mehr und nicht weniger als eine gigantisch große spirituelle Erfahrung. Ich war vor Freude so aus dem Häuschen, so dass Gefahr für den Planeten bestand, durch den lauten Jubel einen Salto zu machen. Wie gesagt, schwer in Worte zu fassen ☺. Das Leben erschien mir plötzlich wie eine Symphonie der absoluten Freude. Ich dachte nur noch: „Mann, wie supermegaklasse ist das denn!?!" Und mir wurde klar: „Ich kann etwas bewegen, soviel steht zweifellos fest! Ich habe ganz bewusst ‚gewirkt'! Ich selbst kann mir aussuchen, was ich haben und wer ich sein möchte!! Und das Ganze war im Grunde eine ganz einfache Sache. Jetzt verstehe ich, wie der Hase läuft!!!" Das war mein ultimatives Schlüsselerlebnis! Es dämmerte mir, dass ich jahrelang ein meterdickes Brett vor dem Kopf gehabt hatte. Ich befand mich quasi jahrelang in einem kalten Krieg gegen mein Geburtsrecht auf Glück. Doch das änderte sich endlich. Nun war es ungefähr so, als würde ich in einem dunklen Raum das Licht einschalten. Die Dunkelheit verschwand und alles war plötzlich so klar, die Dinge fügten sich ineinander. Es war so, als hätte ich einen jahrelangen Fluch überwunden, als hätte ich die absolute Kontrolle über mein Leben erlangt, als riefe mir das Leben selbst zu, dass ich endlich genießen soll, dass ich frei wie ein Vogel und leicht wie eine Feder bin.

„Fang jetzt an zu leben und zähle jeden Tag als ein Leben für sich." (Seneca)

Wenn das Leben eine Schule ist, dann war das der Moment, in dem ich zwei Klassen übersprang. Von da an gab es kein Halten mehr und ich drückte das geistige Gaspedal voll durch. Dies war nur das erste von zahlreichen „Wunsch-Wundern". Ich machte zu Beginn kleine Schritte in Sachen bewusstes Wünschen und immer öfter kam es auch zu großen Sprüngen. Die Bücher, welche mir mein Bruder damals gab, hatten mich Dingen und Themen gegenüber geöffnet, die mir ganz klar aufzeigten, dass es bessere und glücklichere Wege gab, um zu leben. All diese Bücher führten mich zu einem viel umfassenderen Verständnis. Nach den ersten Wunscherfolgen hatte ich den Eindruck, als ob ich gerade zum ersten Mal die Welt erblickte, da ich vorher dieses Wissen, durch das ich mein gesamtes Leben umgestaltete, nicht hatte und da erst verstand, wie das Leben wirklich „funktioniert". Wissen verändert, Wissen macht frei!!! Unwissen macht Angst und hält uns am Boden fest. Aus Unwissenheit haben sich die meisten Menschen selbst Fesseln angelegt. Heute weiß ich: Grundsätzlich ist alles möglich. Wir stehen uns bloß oft selbst im Weg.

Dem Glauben an den positiven Ausgang bestimmter Pläne und Ziele erachtete ich bereits damals als besonders wichtig. Und nach einer Weile bat ich meinen guten Freund und Hypnotiseur Mike, er solle mir mithilfe der Hypnose dabei helfen, an meinen Glaubenssätzen „zu arbeiten". Mike verstärkte daraufhin folgende Erfolgsüberzeugungen in mir:

Du bist ein großartiger Mensch!!!

Du bist der Chef Deines Lebens!!!

Du kannst alles erreichen, was Du Dir vornimmst!!!

Du kannst alle Deine Gedanken und Gefühle ändern!!!

Es ist Dein Geburtsrecht, glücklich und zufrieden zu sein!!!

Danach ordneten sich immer mehr und mehr Dinge im Leben nach meinem Gusto. Alles fühlte sich so rund und richtig an. Kaum noch Zweifel waren in mir vorhanden, dass ich mir mein Wunschleben zu 100% erschaffen kann. Es bildete sich in mir dieses Gefühl des Vertrauens, dass mir das Leben mehr zu bieten hat, als ich bislang angenommen hatte. Und wieder folgte eine Wunscherfüllung nach der nächsten. Ich eröffnete eine eigene Firma (Versandhandel), schrieb meinen ersten Bestseller, wurde zu Interviews eingeladen, knüpfte weitreichende Kontakte und war bei alledem rundum happy!!! Ich war ein echter „Hans-im-Glück" und sang innerlich ständig „It's a beautiful life!" Hypnose schuf ganz neue Voraussetzungen für ein glückliches Leben. Es war so, als wäre die Startlinie für einen 100 Meter-Lauf fünfzig Meter nach vorne verlegt worden. Plötzlich war alles gar nicht mehr so unerreichbar.

Mir wurde absolut klar, dass es sich bei Hypnose nicht um irgendein Hollywood-Hirngespinst handelte, sondern um knallharte Realität. Sie verstärkte meine förderlichen Überzeugungen um ein Vielfaches.

In dem Moment, in dem sich durch bestimmte Erfahrungen Glaube zu Wissen verwandelt, ist das Bewusstsein nicht mehr das Gleiche. Es ändert sich ganz vehement und man ist ein neuer Mensch geworden. In solchen Fällen taucht etwas auf, das ich SELBSTAUTORITÄT nenne. Man hat etwas mit Haut und Haaren er- und gelebt, es gefühlt, es erfahren. Man selbst ist bezüglich dieses Themas für sich selbst die höchste Instanz, man benötigt keinen Guru, keine amtlich anerkannten Experten und keine Bücher, die es einem erst erklären müssen, denn man WEISS es bereits, man spricht aus EIGENER ERFAHRUNG.

„Ein einziges Blättchen Erfahrung ist mehr wert als ein ganzer Baum voll guter Ratschläge." (Sprichwort aus Litauen)

Ich kenne viele Menschen, die bezüglich Ihres wahren schöpferischen Potenzials bis heute keine persönlichen, bewussten Eigenerfahrungen gemacht haben, aber darauf beharren, dass es nicht möglich ist, sich sein Wunschleben zu manifestieren. Das Problem besteht darin, dass sie nie versuchen, ihre bisherige Meinung zu hinterfragen. Deshalb fordere ich alle Hardcore-Skeptiker einfach einmal auf, ein wenig Zeit und Energie zu investieren und die Probe aufs Exempel zu machen. Was ist schon dabei? Ich hinterfrage mein Weltbild ständig, indem ich mir regelmäßig die Frage stelle: „Tut mir meine momentane Denk- und Glaubensweise gut?"

Es sind noch viele Leute unterwegs, die immer noch den Gedanken und Meinungen folgen, die man ihnen im Laufe des Lebens von außen eingetrichtert hat, so dass sie alles, was sich durch das bisherige Weltbild nicht erklären lässt, als Unfug abtun. Aber zugleich ist auch festzustellen, dass es (zum Glück) immer weniger Menschen gibt, die derart eindimensional leben. Wenn jemand sich damit schwer tut, etwas Neues anzunehmen, weil es nach seinem bisherigen Wissensstand oder den gerade aktuellen Lehrmeinungen (die oft kapitalgesteuert sind) unlogisch ist, dann wird es eben Zeit, den Wissensstand zu erweitern.

„Mach den ersten Schritt im Vertrauen. Du brauchst nicht den ganzen Weg zu sehen. Mach einfach den ersten Schritt." (Dr. Martin Luther King jr.)

Ich bin lieber natürlich als mechanisch, lieber beweglich als starr, lieber flexibel als träge. Und das nicht nur körperlich, sondern vor allem geistig. Wenn ich mir neue Möglichkeiten eröffnen will, dann muss ich dafür geistig offen sein. So einfach ist das!!!

Lieber Leser, ich will Dir mit meinem Beispiel einfach nur sagen: Alles ist machbar, das Lebensglück ist realisierbar und es ist dafür nie, nie, nie zu spät! Alles kann und wird sich zum Guten drehen, wenn wir es von Herzen wollen, fest daran glauben und dafür etwas tun. Nutzen wir die schöpferische Macht unseres Glaubens.

Verinnerlichen wir uns das immer und immer wieder, lieber Leser: Was immer wir denken bzw. woran wir glauben, wird zu unserer Realität, lässt unsere Wünsche unaufhaltsam wahr werden.

Ebenso wie wir auf die Qualität unserer Nahrung achten, sollten wir auch die Qualität unserer geistigen Nahrung genau prüfen.

Wieso glauben wir nicht das, was uns glücklich macht?
(geschrieben von Goran Kikic)

„Unsere Gedanken bewegen sich ununterbrochen, jedoch leider nicht immer in die von uns gewünschte Richtung." (Unbekannt)

Beobachten wir nur einmal 5 Minuten lang, was uns so alles durch den Kopf geht, werden wir feststellen, dass dort ein chaotisches Geplapper herrscht. Die meisten Menschen auf diesem Globus haben ihre alltäglichen Gedanken und Gefühle überhaupt nicht unter Kontrolle. Vielmehr ist es so, dass unsere Gedanken, Ansichten und Glaubensmuster uns beherrschen.

„Der Mensch bringt sogar die Wüsten zum Blühen. Die einzige Wüste, die ihm noch Widerstand bietet, befindet sich in seinem Kopf." (Ephraim Kishon)

Wir denken etwa 60.000 Gedanken pro Tag. Davon sind etwa (bei dem einen mehr, bei dem anderen weniger) 43.000 unbewusst. Das ist so, als würde man täglich 43.000 Sätze aussprechen und es gar nicht mitbekommen – es geschieht einfach. Und jeder dieser Sätze bzw. dieser Gedanken, von denen man bewusst gar nichts mitbekommt, hat Konsequenzen!!! So wie es egal ist, ob man weiß, was eine Flasche Whisky für eine Wirkung verursachen kann, muss man die Wirkung dennoch ertragen, wenn man sie trinkt.

Solange unsere bewussten Wünsche in eine Richtung gehen und unsere unbewussten Überzeugungen in die andere Richtung, verlieren wir unsere Ganzheit und es entstehen zwei gegensätzliche Welten in uns. Wir fühlen uns geteilt und sind innerlich im Krieg mit uns selbst. Das Ziel (und unser eigentlicher Normalzustand) sollte es sein, innerlich wieder ganz zu sein, unsere Wünsche und Glaubenssätze in Einklang zu bringen, sie im gleichen Auto in dieselbe Richtung fahren zu lassen, denn dann gibt es keine Blockaden, Konflikte und „Unfälle" mehr. Kaum ein Mensch hat über jeden einzelnen Gedanken, jedes Gefühl und jedes Wort die ständige Kontrolle, aber ich weiß aus eigener freudvoller Erfahrung, dass es unendlich glücksförderlich ist, wenn wir unseren Einfluss auf unser Denken, Fühlen und Glauben steigern, so viel wir können!!!

Wir leben vorwiegend unbewusst
Ohne Ausnahme ALLE Lebenserfahrungen hinterlassen eine neurologische Prägung. Hat man z.B. bestimmte Dinge unter Angst gelernt, dann bleibt das Gelernte mit dem Gefühl der Angst verbunden und man entwickelt einen einschränkenden Glaubenssatz, der dafür sorgt, dass man beim Anwenden des Gelernten Angstgefühle in sich verspürt. Stellen wir uns das Ganze mal so vor: Für jede einzelne Erfahrung in diesem Leben (und womöglich auch in früheren Leben), wurde in uns eine Art geistiges Videoband angelegt, etikettiert und im „Archiv" Unterbewusstsein abgelegt. Das gilt übrigens auch schon für unser Leben im Mutterleib (während dieser Zeit und später in der sogenannten Prägephase, zwischen dem 1. und 7. Lebensjahr, sind wir bereits einer Art Urhypnose ausgesetzt). Und jedes Mal, wenn wir in eine ähnliche Situation geraten oder ein bestimmtes Schlagwort hören, wird in der rückwärts-orientierten „Videothek" namens Unterbewusstsein der entsprechende Videofilm abgespult und wir reagieren aus diesem Film bzw. aus der Vergangenheit heraus (mit vorgefertigten Antworten; es ist wohlgemerkt eine anerzogene Re-Aktion, kein eigenständiges Agieren, es sind also keine „echten" Antworten). Auf diese Weise wiederholen wir die Vergangenheit und erschweren dadurch oftmals unsere Gegenwart und Zukunft.

Diese inneren Videofilme sind überholte Überbleibsel aus einer mittlerweile (meist) ungültigen Zeit. Im Klartext: Wir denken nicht selbst, stattdessen denkt ein künstliches Gebilde für uns, welches im Laufe unseres Lebens entstanden ist und uns aus dem Hintergrund heraus steuert. Es versucht neue Situationen mit alten Erfahrungen zu verstehen – und das geht auf Dauer nicht gut, da sich das Leben ständig verändert und mit unseren Schlussfolgerungen aus der Vergangenheit nicht (immer) übereinstimmt.

„Trotz aller Ähnlichkeit hat jede lebendige Situation, wie ein neugeborenes Kind auch ein neues Gesicht, das es nie zuvor gegeben hat und das auch nie wiederkehren wird. Die neue Situation erwartet von Dir eine Antwort, die nicht im Vorhinein vorbereitet werden kann. Sie erwartet nichts aus der Vergangenheit, sie erwartet Präsenz, Verantwortung - sie erwartet DICH." (Martin Buber)

„Ein Mensch, der eine bestimmte Art zu handeln gewohnt ist, ändert sich nie und muss, wenn die veränderten Zeitverhältnisse zu seinen Methoden nicht mehr passen, scheitern." (Niccolò Machiavelli)

Manche meiner fest verinnerlichten Denkmuster taten mit früher sicherlich gut, waren für eine damalige Problemsituation womöglich sogar die rettende Lösung, doch heute sind viele von ihnen selbst das Problem, weil sie einen alternativlosen, begrenzten „Tunnelblick" erzeugen.

Wie ist die Qualität unserer Gedanken?
Wenn unser Denken, Glauben und Fühlen unser Leben erschaffen, dann sollten wir darauf achten, positiv zu denken, an das Gute zu glauben und Freude zu fühlen. Doch die meisten Menschen denken vornehmlich so, dass es ihnen nicht gut tut. Kein Wunder, denn wir hören bis zum 18. Lebensjahr ca. 180.000 negative Suggestionen, die sich in unserem Unterbewusstsein festsetzen. Und auch traumatische Erlebnisse werden ins Unterbewusstsein verdrängt, wo sie dann aber nichtsdestotrotz wirken und unsere Schwingung bestimmen. Diese unbewussten Gedanken sind es, die gewohnheitsmäßig Situationen erzeugen, in denen wir oft denken: „Das kann ich mir unmöglich selbst angezogen haben. Das macht mich doch unglücklich. Nie und nimmer würde ich mir solche Lebenssituationen bewusst ins Leben holen." Tja, stimmt schon, bewusst nicht, aber wir haben sie uns <u>unbewusst</u> angezogen, wir erleben quasi bewusst die Wirkung einer unbewussten Ursache.

„Das Leben besteht nicht in der Hauptsache aus Tatsachen und Geschehnissen. Es besteht im Wesentlichen aus dem Sturm der Gedanken, der jedem durch den Kopf tobt." (Mark Twain)

Fragen wir uns mal, woher der ganze „Gedankenmüll" in uns her kommt, der uns wie ein trojanisches Pferd von innen das Leben schwer macht. Man könnte darauf antworten mit der Gegenfrage: „Woher eigentlich nicht?" Tag für Tag bombardiert uns die Außenwelt mit den verschiedensten Gedanken, Glaubenssätzen und Programmen. Alle möglichen Instanzen und externen Meinungsmacher (politische Parteien, Religionen, Schulen, Ausbildungsstätten, Zeitungen, Filme, Nachrichten, die eigene Familie mit Familientraditionen und -mottos…) versuchen, unser Denken zu beeinflussen, uns zu bevormunden und uns dazu zu erziehen, die Welt durch ihre Augen zu sehen, anstatt mit eigenen, frischen Augen.

„Eine Wahrheit, die nicht Deine eigene ist, ist keine Wahrheit." (Osho)

„Von Anfang an bringt man uns lächerlicher Weise bei, dass wir uns beweisen müssen, da wir sonst nichts wert seien. Man impft uns ein, dass wir einem Ideal entsprechend leben sollen, welches uns andere vorsetzen." (Ruth Willis)

Das meiste, was wir (scheinbar) wissen, entnehmen wir den Medien. Die medialen Informationen (ob TV-Nachrichten, Presseberichte, Werbung, Dokumentationen oder Filme) prägen unser Weltbild und nehmen einen ungemein großen Einfluss auf unser Denken und Fühlen ein, sie legen uns „Glaubensketten" an, denken unsere Meinung für uns bereits voraus, sagen uns innerhalb dieser vorgedachten Zwangsschienen was IN und was OUT, was richtig und falsch, was gut und böse, was attraktiv und unattraktiv, was möglich und unmöglich ist, bis wir schließlich das Produkt dieser „Auftragsprogrammierungen" werden. Es entsteht irgendwann der unbewusste Glaubenssatz:

§1: Was die Medien sagen, das ist die Wahrheit.
§2: Sollte die Medien unrecht haben, tritt automatisch §1 in Kraft.

Nichts von dem, was uns in dieser „Bewusstseinsindustrie" erzählt wird, ist unsere eigene, direkte und existenzielle Erfahrung, nein, es sind nur geborgte Informationen, es ist kein ECHTES Wissen. Es ist wie eine Pflanze, die wir in die Hand gedrückt bekommen haben, aber es ist nicht eine Pflanze, die wir selbst zum Wachsen, die wir selbst zum Leben gebracht haben. Stell

Dir einfach vor, jemand injiziert Dir mit einer Spritze fremdes Gedankengut und Du wirst gegen Deinen Willen zu etwas, was Du heute bist. Das ist so, als würde man in der Schule ein weißes Blatt Papier bekommen, um darauf seine Meinung zu schreiben - doch dann schreiben andere Schüler, unsere Eltern, Lehrer, Medienleute, Politiker, Filmemacher und zig andere „ihren Senf" darauf, der eigentlich nicht auf UNSER Papier hingehört.

„Individualität wird uns genommen, indem sie uns als Abziehbild vorgegaukelt wird." (Udo Brückmann)

Kurzum: Es ist ein Leben aus zweiter Hand, ein zweit-, nein, ein drittklassiges Ersatz-Leben.

„Sei lieber eine erstklassige Ausgabe Deiner selbst, als eine zweitklassige Kopie von jemand anderem." (Unbekannt)

Besonders Kindern fällt es schwer, sich dieser Manipulation zu entziehen, sich eigenständige Meinungen zu bilden und freie Entscheidungen zu treffen.

„Die Kinder denken vielleicht, sie träfen eine Entscheidung, doch in Wahrheit sind sie bereits in einer Entscheidung gefangen. Sie sind in einer Identität gefangen und nicht in der Lage, ihre eigene Identität zu entdecken. Ihnen werden verschiedene Identitäten angeboten und in eine von diesen müssen sie hineinschlüpfen." (Mary McLeod)

Aber auch Erwachsene sind voller fremder Ideen, Meinungen und Überzeugungen. Unsere sogenannte eigene Meinung ist überwiegend ein Mix der Meinungen all der genannten äußeren Einflussquellen, die permanent auf uns einwirken.

„Der gesunde Menschenverstand ist eigentlich nur eine Anhäufung von Vorurteilen, die man bis zum 18. Lebensjahr erworben hat." (Albert Einstein)

„Die meisten Menschen sind nicht sie selbst. Ihre Gedanken sind die Gedanken eines anderen, ihr Leben eine Nachahmung, ihre Leidenschaft ein Zitat." (Oscar Wilde)

All diese fremden Gedanken in uns werden somit zu unserem Leben, denn wie die Biomechanik weiß, kann unser Unterbewusstsein nicht unterscheiden, was Fiktion und was Realität ist – und es bewertet und sortiert nicht, was uns gut tut und was uns schadet, sondern saugt (wie ein Schwamm das Wasser) alles wahllos auf. Und alles, was es aufsaugt, will es so schnell wie möglich realisieren – und das ohne uns um Erlaubnis zu fragen.

„Das Unterbewusstsein argumentiert nicht mit Ihnen." (Joseph Murphy)

Destruktive Einflussquellen
Zu den ins Unterbewusstsein „aufgesogenen" Dingen zählt insbesondere das Fernsehprogramm, von dem sich ein Großteil der Menschheit geistig „ernährt" und sich daraus in eine Scheinrealität (fake reality), in eine Konfektionswirklichkeit voller nutzlosem Tratsch begibt. Alles, was wir uns im TV ansehen, wird als Samen in unser Unterbewusstsein gepflanzt, ohne dass es bezüglich Wert, Wahrheitsgehalt und Nutzen gefiltert wird. Wir wissen: Wenn wir ständig negative Bilder eingepflanzt bekommen, dann kreieren wir kollektiv eine negative Zukunft. Und Hand aufs Herz, lieber Leser: Wie viele Filme, Sendungen, Musikvideos und Nachrichten - unter dem Deckmantel uns informieren zu wollen (Nach-Richten= man soll sich „danach richten") mit all ihren Hiobsbotschaften und Negativprognosen - gibt es, die Glück und Harmonie ausstrahlen, die das Leben wirklich bereichern?

Unglaublich wenig.

Und wie viele strahlen Gewalt, Brutalität, Anspannung und/oder Angst aus?

Fast alle.

Der deutsche Forscher Joachim Bauer (Molekularbiologie, Neurobiologie) geht davon aus, dass bereits das reine Betrachten bestimmter Handlungen ein Programm in uns erzeugt. Unsere Spiegelneuronen „denken", dass wir selbst diejenigen sind, welche die Handlungen begehen. Die Handlungsabläufe werden dann so abgespeichert, als seien es unsere eigenen Erfahrungen (mit allen dazugehörenden schwingungstechnischen Konsequenzen). Die Psyche eines Menschen, der sich Gewaltfilme mit Mord und Totschlag anschaut, oder der per Videospiel virtuell selbst zum Mörder wird, durchlebt im Unterbewusstsein die Gefühle des Mordens und Tötens als absolut real.

Es tut uns auch nicht gut, wenn wir uns Filme anschauen, die uns traurig oder wütend stimmen (das ist im Grunde geistige Brandstiftung bei sich selbst). Mich packt immer die Wut, wenn der Filmheld / die Filmheldin stirbt - und das entzieht mir Energie und lässt mich niedrig schwingen. Warum sollte ich mir sowas antun? Niedrig schwingen bedeutet, ich bestelle mir beim

Universum Leid, Kummer und Unglück, oder halte bereits bestehendes Unglück aufrecht („Unsere tägliche Dosis Unglück gib uns heute"). Das ergibt keinen Sinn, im Gegenteil, das ist selbstzerstörerischer IRR-Sinn und kein Film, keine Nachrichtensendung, kein Lied und kein Videospiel dieser Welt sind das wert! Für mich persönlich ist das alles eine astreine Zeitverschwendung, völliger Mumpitz, Selbstsabotage und innere Erschöpfung. Solange wir uns damit befassen, leben wir nicht das Leben, sondern das Leben lebt uns. Sich für sowas zu entscheiden, ist unserem Lebensglück überhaupt nicht dienlich, denn dort gibt es NIX, was uns Glück beschert, also kann man dem getrost ein Ende setzen. Sorgen wir dafür, dass wir selbst nicht unser größter Feind werden, indem wir unsere Lebenszeit mit destruktiven Dingen verplempern.

„Zeit haben heißt wissen, wofür man Zeit haben will und wofür nicht." (Emil Oesch)

Es gibt sooooo viele Dinge auf unserer Welt, mit denen wir uns beschäftigen können, dass wir uns ganz leicht die schönen aussuchen können. Wenn wir uns erst einmal den schönen Dingen widmen, entdecken wir plötzlich: „HEY, ich brauche viele Dinge gar nicht zu tun, die ich mein Leben lang getan habe." Bleiben wir auf der Hauptstraße des Glücks und verirren uns nicht in solchen Sackgassen und irreführenden Nebenstraßen. Trennen wir uns von dem, was uns runter zieht, getreu der Devise: Weg mit dem Plunder!!!

Lange Zeit hatte ich meine Gedankenhygiene sträflich vernachlässigt und war voller disharmonischer, chaotischer Bilder. Chaos war quasi meine Standardprogrammierung, deshalb war mein Leben auch ziemlich chaotisch. Die Weisheit des Lebens, so ist mir heute klarer als je zuvor, besteht u. a. im Entfernen schädlicher Dinge, wählerischer zu sein, die Spreu vom Weizen zu trennen, so dass unser Inneres wieder erstrahlen kann.

Um etwas Neues, etwas Schöneres, das Richtige im Leben willkommen zu heißen, muss man die Hände frei haben. Dazu muss man einfach das Alte, das Unschöne, das Falsche loslassen bzw. aus dem Leben entlassen und wie Ballast über Bord werfen. Es ist wie mit einem vollen Glas Wasser. Man kann es nicht mit neuem, frischem Wasser füllen. Zuerst muss man das alte, abgestandene Wasser ausschütten. So gehen auch Gärtner vor: Das Gewünschte wird gezüchtet und gefördert, das Unkraut wird gejätet und gezielt entfernt. Und genau so sollten wir es auch mit unseren Überzeugungen machen. Solange die alten noch in uns sind (z.B. durch negative Programme aus Funk und Fernsehen), können die neuen nicht installiert werden.

„Nur wenn Du vorher Platz schaffst, kann auch Neues in Dein Leben kommen!" (Jörn Schnöwitz)

Man kann das Ganze auch mit einem Computer vergleichen. Unsere Psyche ist in diesem Vergleichsbild wie ein Computer-Betriebssystem. Es funktioniert nur gut, solange man die Viren nicht heran lässt (ein Leben mit den genannten „Viren" bzw. den destruktiven Einflüssen ist ein sehr anstrengendes Leben). Ich kappte in meinem Leben zuerst die Verbindungen zu den Quellen, aus denen die Viren jahrzehntelang unkontrolliert zu mir strömten (ich ging destruktiven Tätigkeiten nicht mehr nach und reduzierte immer mehr den „Kontakt" zu disharmonischen Einflussquellen), als nächstes löschte ich die Viren auf meinem Betriebssystem und installierte (mittels Hypnose) neue Programme, die mir eine Hilfe sind.

Auch die Natur macht es uns vor: Man kann nur auf fruchtbarem Boden etwas pflanzen, vorher macht es keinen Sinn, da sonst die Saat nicht aufgeht. Nehmen wir einmal folgendes Beispiel, um es noch klarer zu veranschaulichen: Wenn wir im Auto mit angezogener Handbremse fahren würden (wenn wir blockierende Glaubenssätze in uns haben, die uns ausbremsen), dann würden wir sicherlich nicht noch mehr Gas geben (dann würden wir nicht noch mehr auf unser Ziel zulaufen). Wir würden doch zuerst die Handbremse lösen (die blockierenden Glaubenssätze auflösen). Ist das erstmal geschafft, können wir automatisch durchstarten, brauchen uns nicht so sehr anzustrengen und unsere Energie sinnlos zu verpulvern.

Das Entfernen der destruktiven Einflüsse ist bereits ein gewaltig großer Schritt, der jedem offen steht, auch wenn es anfangs vielleicht schwer fällt. Aber Fakt ist: Wenn wir stark genug waren, uns in eine (Tag-) Trance zu begeben, dann sind wir auch stark genug, sie zu verlassen bzw. aufzulösen. Wer nicht will, dass andere bestimmen, wie sein Leben auszusehen hat, der muss mit aller Macht sein Leben selbst bestimmen. Erst wenn Du Dir das verinnerlicht hast, lieber Leser, solltest Du weiter lesen.

Das Rosenthal-Experiment
Um mir die geistige Datenbank zu erschaffen, die ich haben wollte, wurde ich wählerischer in Bezug auf meinen Freundeskreis. In der Nähe von Menschen, die positiv eingestellt sind, gerne Neues dazu lernen und mich wertschätzen, halte ich mich gerne auf. Negativ eingestellte Menschen, die sich selbst begrenzen und mich gering schätzen, meide ich. Wie wichtig das persönliche Umfeld und sein Einfluss auf uns(ere Schwingung) sind, zeigt

das Experiment des amerikanischen Psychologie-Professors Robert Rosenthal.

Er und Leonore Jacobson führten an der amerikanischen Oak-School bei Schülern der 1. bis 5. Klasse einen Intelligenztest durch. Den Lehrern sagte man, dass dieser Test u.a. Aufschluss darüber geben würde, welche Kinder sich in nächster Zeit durch einen überdurchschnittlichen Intelligenzzuwachs auszeichnen würden. Nach dem Experiment gab Rosenthal den Lehrern die Namen der Schüler, die laut dem Testergebnis des Experiments eine „ungewöhnlich gute schulische Entwicklung" nehmen würden. Dabei würde es sich um 20% der Schüler handeln. Tatsächlich war es aber so, dass diese Namen ganz willkürlich nach reinem Zufallsprinzip ausgewählt wurden. Ein Unterschied zwischen den besonderen und den durchschnittlichen Schülern existierte nur im Bewusstsein der Lehrer. Am Ende des Schuljahres hatten die vermeintlich "besonders begabten Schüler" nach dem Ergebnis eines Schulleistungstests einen größeren Intelligenzzuwachs zu verzeichnen gegenüber den als „durchschnittlich" eingestuften Schülern (vornehmlich in den unteren Klassen).

Dieses Ergebnis wurde von Rosenthal und Jacobson folgendermaßen gedeutet: „Erwarten die Lehrer von den Kindern größere intellektuelle Fortschritte, so machen sich diese auch tatsächlich bei den Kindern bemerkbar." Unser Umfeld beeinflusst uns demnach ganz wesentlich, es kann uns fördern oder behindern.

„Es ist wahr, dass fremde Gedanken ebenso in unser Wesen eindringen können wie faule Dämpfe in unser Haus." (Prentice Mulford)

Man sagt nicht ohne Grund, dass wir die Summe der 5 Menschen sind, mit denen wir die meiste Zeit verbringen. Halten wir uns das bitte stets vor Augen: Unser Unterbewusstsein nimmt (abhängig von unserer Resonanz) äußere Einflüsse auf, die sich um uns herum abspielen. Je positiver sie sind, umso positiver schwingen wir und umso positivere Lebensumstände ziehen wir an.

Und damit sind wir neben dem zielgerichteten Wünschen mittels eines starken Glaubens (und der dazu erforderlichen Gedankenpflege) beim zweiten Hauptthema dieses Buches angekommen - der Hypnose (der Königin der Mentaltechniken). Klären wir zunächst, was Hypnose eigentlich ist.

Was ist Hypnose überhaupt?
(geschrieben von Mike Butzbach)

Hypnose ist weder Zauberei, noch Magie oder Hokuspokus. Es ist eine seriöse und zudem sehr interessante Möglichkeit der therapeutischen Arbeit.

Hypnose, oder besser Trance, ist ein ganz normaler Zustand, den jeder Mensch bereits viele Male in seinem Leben erlebt hat. Sei es beim Fernsehen, wenn man so in eine Handlung vertieft ist, dass man seine Umwelt kaum noch wahrnimmt, oder bei Tagträumen. Das sind alles Formen von Trance, die uns im Alltag begegnen.

Trance ist also eine vorübergehende Fokussierung der Aufmerksamkeit auf eine Sache. In dieser Zeit, in der unsere Aufmerksamkeit fokussiert ist, besteht direkter Zugang zu unserem Unbewussten. Interventionen werden ungefiltert und unzensiert weitergeleitet (so dass sogar Halluzinationen hervorgerufen werden können). Der direkte Zugang zum Unbewussten kann uns enorm weiterhelfen, wenn wir in einem schädlichen, inneren Programm fest stecken, welches uns an einem glücklichen Leben hindert.

Die wenigsten Menschen schaffen es, schädliche Muster in sich nur durch reine Willenskraft zu durchbrechen (z.B. das Rauchen aufzugeben). Sie schaffen es vielleicht eine Zeit lang, fallen dann aber wieder in das alte Verhaltensmuster zurück. Und genau hier setzt die Hypnose an. Unser Gehirn setzt die von außen eindringenden „hypnotischen Befehle" in diesem Fall um, ohne sie auf den Realitätsbezug zu prüfen. Therapeutische Interventionen werden viel weniger kritisch hinterfragt, als im Wachzustand. „Aber das ist doch sicher gefährlich?", wirst Du nun vielleicht einwenden. Nein, denn ganz so leicht sind wir nicht zu manipulieren. Es existiert eine Kontrollinstanz in uns, die uns vor Manipulationen schützt, die gegen unsere Moral verstoßen. Es ist zum Beispiel nicht möglich, jemanden in Trance dazu zu bewegen, einen anderen Menschen umzubringen, sofern er diese Neigung nicht schon latent in sich trägt. Wenn man einen Menschen in Hypnose dazu bewegen könnte, dann würde man ihn auch ohne Hypnose so weit bringen.

Sofern Du noch Anfänger bist, soll Dir dieses Hypnosemodell etwas mehr Verständnis über den Zustand der Trance bringen.

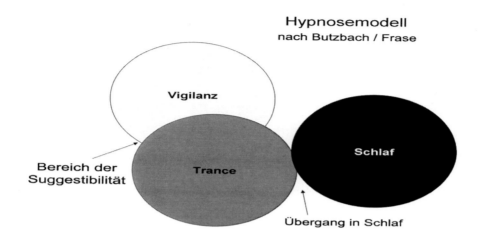

Trance kann betrachtet werden als einer von drei Bewusstseinszuständen, welcher allerdings nicht scharf abzugrenzen ist von Vigilanz (Wachheit). Vielmehr ist es so, dass sich Vigilanz und Trance abwechseln und überschneiden. Im Bereich der Überschneidung entsteht die Suggestibilität. Dabei sind wir uns oft nicht bewusst, dass wir uns im Bereich der Trance befinden - wir haben das Gefühl, wir sind vollkommen wach. Das erklärt auch die Existenz der „Aktiv-Wach-Hypnose" bzw. der Wachsuggestibilität.

Der Weg in den Schlaf führt immer über die Trance, was bedeutet, dass man problemlos Schlaf über Hypnose induzieren kann. Genau so kann man jemanden aus dem Schlaf heraus hypnotisieren, allerdings lassen sich Trance und Schlaf sehr wohl scharf voneinander abgrenzen. Hier gibt es keine Überschneidungen, lediglich den Berührungspunkt kurz vor dem Einschlafen, oder dem Aufwachen.

Der Zustand einer tiefen Trance ist zudem sehr gesund – er synchronisiert das vegetative System und der Körper erholt sich in kurzer Zeit – ähnlich wie im Tiefschlaf.

Machen wir uns bitte klar: Hypnose ist, richtig eingesetzt, eine der wirksamsten Methoden, um schnell und dauerhaft innere und somit auch äußere positive Veränderungen herbei zu führen. Lassen wir dieses hochwirksame Hilfsmittel, welches früher nur Führungspersönlichkeiten und reichen Unternehmern vorbehalten war, nicht ungenutzt.

Was Hypnose alles bewirken kann
(geschrieben von Mike Butzbach & Goran Kikic)

„Hypnose hilft, auch wenn alles andere versagt." (James Braid)

Die meisten Menschen denken, dass Hypnose „schwer" ist oder es einer besonderen Fähigkeit bedarf, einen anderen Menschen oder sich selbst zu hypnotisieren. Umso überraschter sind die Menschen dann, wie einfach es im Grunde doch ist. Viele können es sogar gar nicht glauben und fragen nach dem „wirklichen Geheimnis" einer Hypnose.

Jeder Mensch ist hypnotisierbar – und die Hypnose wird immer beliebter und hat sich in den vergangenen Jahren stark verbreitet. Sie wird in der Psychotherapie genau so eingesetzt, wie in der Lebenshilfe oder zur Selbsthilfe. Lange Zeit wurde die Hypnose dabei von der Wissenschaft und der Medizin nicht beachtet oder als unwirksam abgetan. In der letzten Zeit wandelt sich dieses Bild, denn die klinische Forschung hat den breiten Nutzen der Hypnose erforscht und ihre Wirksamkeit bestätigt. Immer mehr Ärzte setzen deshalb Hypnose als Alternativmedizin oder Ergänzung bei diversen Krankheiten ein.

Eine wachsende Zahl von Zahnärzten zieht die Hypnose einer chemischen Betäubung vor. Flugängstliche Passagiere überwinden dank Hypnose ihre Angst, Brandopfer werden beim Wechsel der Verbände mit Hypnose in Trance versetzt und überstehen diese Prozedur schmerzfrei. Sportler stärken sich mittels Hypnose mental und Chemotherapie-Patienten bekommen ihre Übelkeit damit besser in den Griff. Inzwischen ist man schon so weit, dass man mit Hypnose Knochenbrüche ohne jede Narkose operieren kann. Hypnose wird mittlerweile auch bei der Geburtsvorbereitung eingesetzt, so dass Schwangere entspannter sind, keine postnatalen Depressionen haben und dass es zu weniger Frühgeburten kommt. Es wurde einfach erkannt, welchen starken Einfluss unsere Gedanken und Emotionen auf das Gesamtsystem haben.

Doch nicht nur in medizinischen Fällen ist Hypnose hochwirksam. Man kann z.B. den Geschmack eines Menschen unter Hypnose vollkommen manipulieren. So kann man einem hypnotisierten Menschen ein Glas Salzwasser zu trinken geben, ihm aber suggerieren, es handle sich dabei um einen süßen Fruchtsaft. Und die hypnotisierte Person wird den Geschmack als süß empfinden. Ebenso funktioniert es auch andersherum und man kann dem Unterbewusstsein einer hypnotisierten Person auch einen süßen Fruchtsaft als salzig suggerieren.

Wenn man einer hypnotisierten Person eine glühende Nadel an den Finger hält, ihr aber sagt, es sei nur eine harmlose Bleistiftspitze, empfindet sie keinerlei Schmerz. Auf der anderen Seite können sich Brandblasen bilden, wenn man einer Person tatsächlich nur eine harmlose Bleistiftspitze an den Finger halten würde, ihr aber hypnotisch den Glauben einprogrammieren würde, dass es sich um etwas glühend Heißes handelt.

Es ist möglich einen Menschen zu hypnotisieren und ihm zu sagen, dass er, nachdem er aus der Trance erwacht, bestimmte Dinge nicht mehr sehen kann. Zum Beispiel kann man ihm suggerieren, dass er nur noch vier Finger an seinen Händen sieht oder dass er einen Menschen gar nicht mehr wahrnimmt, obwohl dieser direkt vor ihm steht.

Wolf Riedel war in seinen Jugendjahren nach einem Flugzeugabsturz als Bundeswehrsoldat gelähmt (Lähmung durch extreme Traumatisierung der Wirbelsäule, ohne dass sein Rückenmark durchtrennt war) und wurde nach zwei Jahren erfolgloser Reha von seinen Ärzten als unheilbar gelähmt in Frührente geschickt. Zu diesem Zeitpunkt war er 22 Jahre alt. Mit Hilfe des Hypnosespezialisten Helmut Jansen von der Universität von Rio de Janeiro schaffte Riedel es, aus dem Rollstuhl heraus zu kommen, woraufhin er seinen alten Beruf aufgab und als Hypnosetherapeut aktiv wurde. Es gelang ihm mehrmals, Menschen, die aufgrund eines Unfalls oder einer Krankheit nicht mehr gehen konnten, erst zum Stehen und schließlich zum Gehen zu bringen.

Das alles klappt deshalb, weil Hypnose den Glauben umprogrammiert. Man erfindet sich selbst bzw. seine Glaubenssätze neu und das wirkt sich auf die äußere Realität aus. Was sich als Glaube, als unumstößliche Tatsache in uns festsetzt, wird in der Außenwelt umgesetzt.

Was also kann man mittels Hypnose alles schaffen? Vor dem Hintergrund, dass alles Energie ist und unser Glaube schöpferisch ist, lautet die Antwort: **Alles, woran wir glauben, was wir uns durch das Hilfsmittel Hypnose einprogrammieren. Wir überwinden mit ihr effektiv und mühelos innere und äußere Hindernisse. Die perfekte Voraussetzung also, um sich ein glückliches Leben zu manifestieren.**

Ist Hypnose ein manipulativer Eingriff?
(geschrieben von Mike Butzbach und Goran Kikic)

Du meinst vielleicht, dass sich Hypnose nach einer Art Gehirnwäsche, einem künstlichen Eingriff anhört. Dabei ist es genau andersherum: Laut dem Psychologen und Buchautor Stephen Wolinsky gehen wir Menschen die meiste Zeit wie hypnotisiert durch unseren Alltag. Kein Wunder, bei all den Stimmen und hypnotisierenden Einflüsterungen, die täglich auf uns niederprasseln und uns in einem mentalen Gefängnis gefangen halten.

„Damit ein Mensch im Gefängnis überhaupt je eine Fluchtmöglichkeit haben kann, muss er zu allererst erkennen, dass er im Gefängnis ist. Solange er das nicht einsieht, solange er sich für frei hält, hat er überhaupt keine Möglichkeit." (G. I. Gurdjieff)

Machen wir uns da nichts vor: Die Gehirnwäsche ist bereits erfolgt und erfolgt jeden Tag aufs Neue. Unsere angebliche Denkfreiheit ist ein großer Trugschluss, denn unser Denken ist nicht von uns „gemacht" worden, sondern von der Gesellschaft. Wir müssen uns quasi "de-programmieren". Wenn wir die Methoden dieses Buches studieren und einsetzen, „enthypnotisieren" wir uns von begrenzten Glaubensinhalten und sonstigen geistigen Barrieren, wir erwachen aus unserem Wachkoma und schaffen uns unser eigenes Denk- und Glaubenssystem, frei von äußeren Autoritäten, religiösen, kulturellen und politischen Bindungen. Es ist der Weg zur eigenen, inneren Autorität.

Bereits als Kinder haben wir eine Art „Hypnose" erfahren. Unsere Erziehung hat uns zu etwas geformt, was uns damals vielleicht geholfen hat, uns heute aber in Sachen Lebensglück möglicher Weise behindert.

Wenn ein Kind kritisiert wird, lernt es zu verurteilen.
Wenn ein Kind angefeindet wird, lernt es zu kämpfen.
Wenn ein Kind verspottet wird, lernt es, schüchtern zu sein.
Wenn ein Kind beschämt wird, lernt es, sich schuldig zu fühlen.
Wenn ein Kind verstanden und toleriert wird, lernt es, geduldig zu sein.
Wenn ein Kind ermutigt wird, lernt es, sich selbst zu vertrauen.
Wenn ein Kind gelobt wird, lernt es, sich selbst zu schätzen.
Wenn ein Kind gerecht behandelt wird, lernt es, gerecht zu sein.
Wenn ein Kind geborgen lebt, lernt es zu vertrauen.
Wenn ein Kind anerkannt wird, lernt es, sich selbst zu mögen.
Wenn ein Kind in Freundschaft angenommen wird, lernt es, in der Welt Liebe zu finden.

(Dieser Text steht über dem Eingang einer tibetischen Schule)

Natürlich haben unsere Eltern uns im Normalfall mit guter Absicht in eine bestimmte Richtung gelenkt, denn unsere Eltern hatten alle eine Vorstellung, wie das Leben von uns zu sein hat. Trotzdem ist es nun an der Zeit, eine „Selbsterziehung" durch zu führen, abgestimmt auf unsere Lebensziele. Die Erfahrungen und Einsichten anderer Menschen können nicht unsere sein, wir müssen schon unsere eigenen machen. Jeder von uns hat das Recht, seine Entwicklung eigenständig voran zu treiben, sich seine eigene Wirklichkeit aufzubauen und sie zu erweitern. Frage Dich selbst: Lebst Du DEIN Leben und folgst Du Deinem eigenen Weg, oder lebst Du das Leben eines anderen und folgst seinem Weg? Sieh es mal so: Der einzige Maßstab für Dein Leben solltest DU SELBST sein!!!

Vergessen wir nie, dass wir immer das sind, wovon wir überzeugt sind. Es ist also immens wichtig, sich regelmäßig mit dem, was wir sind und woran wir glauben, auseinanderzusetzen. Nur durch regelmäßiges Befassen mit sich selbst ist eine Weiterentwicklung überhaupt möglich.

Es geht hierbei um FREIHEIT!!! Wenn ich von Freiheit spreche, dann meine ich keine eingeschränkte Freiheit wie finanzielle, politische oder sexuelle Freiheit, die man von außen bekommt, nein, ich meine wirklich WAHRE FREIHEIT, INNERE FREIHEIT. Mit dieser Freiheit sind wir freier als ein Vogel. Damit meine ich so zu leben, wie man es selbst will!!! Nicht wie es von Dir erwartet wird oder wie andere es gern hätten. Das wäre keine Art, sein Leben würdig zu leben und wäre ein Leben vorbei an Glück und Freude.

Und merke Dir eines bitte gut, lieber Leser: Lasse Dir von nichts und niemandem einreden, dass Deine eigene Individualität etwas Falsches sei.

Selbsthypnose
(geschrieben von Mike Butzbach)

Soviel wissen wir also schon: Um unsere Wünsche zu manifestieren, bedarf es einer blockadefreien Schwingung. Und Hypnose kann uns dabei helfen, uns von Blockaden zu befreien. Was aber, wenn man kein Vertrauen zum Hypnotherapeuten hat oder ihn sich nicht leisten kann? Hier kommt die Selbsthypnose ins Spiel. Die Selbsthypnose ist eine der effektivsten und wirksamsten Selbsthilfemethoden, die es gibt. Mit ihr besitzen wir ein kraftvolles Werkzeug, von dem wir vielfältig profitieren können – sofern wir etwas Selbstdisziplin aufbringen, um die richtige Technik zu lernen.

Sehr gut eignet sich die Selbsthypnose zum Stressmanagement, da sie bei entsprechender Vorerfahrung auch in kurzen Pausen eingesetzt werden kann. Um Dein Unterbewusstsein auf die richtigen Glaubenssätze zu programmieren bzw. die Wunscherfüllung anzukurbeln, lieber Leser, benötigst Du jedoch etwas mehr Zeit. Auch auf diesem Gebiet funktioniert nichts ohne entsprechende Übung. Allerdings wirst Du nach kurzer Zeit feststellen, dass Du immer einfacher und schneller in Trance gelangst.

Durch Selbsthypnose ist es möglich, seine Leistung zu steigern, neue Energie zu tanken, selbstbewusster zu werden, Ängste zu besiegen und sogar Schmerzen abzuschalten. Beherrscht man die Selbsthypnose sicher, ist auch eine Analyse unter Selbstanleitung möglich und somit der Zugang zu Inhalten des Unterbewusstseins frei, die in der Regel für das Bewusstsein nicht zugänglich sind.

Bewährt hat sich Selbsthypnose für die Etablierung positiver Gedanken, Gefühle und Vorstellungen. Auch die Änderung negativer Glaubenssätze lässt sich verwirklichen. Störende Gewohnheiten können durch positive ersetzt werden und genau das wollen wir ja.

Selbsthypnose erlernt man autodidaktisch aus Anleitungen, was aber in der Regel sehr viel Disziplin und Geduld verlangt. Wesentlich leichter geht es mit Hilfe einer Fremdhypnose durch einen anderen Hypnosetherapeuten. Dieser etabliert in Tieftrance einen Anker, das kann ein Schlüsselwort sein oder aber ein Reiz. Durch Sprechen des Wortes oder Auslösen des Reizes sinkt der Anwender innerhalb von wenigen Sekunden in eine tiefe Trance, in der er sich selbst Suggestionen geben kann.

Eine so etablierte Selbsthypnose funktioniert, sofern der Anker in Tieftrance (!) gesetzt wurde, direkt bei der ersten Anwendung und sollte dann die nächsten Tage regelmäßig angewandt werden, um den Anker zu festigen.

Da ein ungeübter Mensch nicht unbedingt merkt, dass er in Trance ist, kann man im Zustand der Selbsthypnose durch die folgende Suggestion testen, ob man sich wirklich in einem Trancezustand befindet:

„Meine Augen sind fest verschlossen und kleben auf angenehme Art und Weise aneinander. Ganz fest, ich kann sie nicht mehr öffnen".

Lassen sich die Augen nicht mehr öffnen, hat das Unterbewusstsein die Suggestion angenommen und man befindet sich in Trance.

Anzumerken ist, dass Suggestionen, die man sich selbst in Trance gibt, vermutlich nicht dem gleichen Kritiker gegenüberstehen, wie Fremdsuggestionen. Daher vermutet man, dass Suggestionen in Selbsthypnose deutlich wirkungsvoller sein können, als wenn sie durch eine Fremdhypnose etabliert werden.

Am einfachsten lernt man die Selbsthypnose, wenn man die Arbeit an ihr nicht als Lernprozess sieht, sondern als eine Art Kurzurlaub. Gönne Dir 20 Minuten am Tag den Luxus, Dich einmal richtig zu entspannen und so ganz nebenbei Dein Unterbewusstsein zu bearbeiten. Du wirst sehen, wie einfach es ist.

Ich möchte Dir auf den folgenden Seiten eine Anleitung geben. Gehe einfach so vor, wie beschrieben. Du musst allerdings nicht genau nach diesem Skript vorgehen, Veränderungen sind erlaubt und erwünscht. Finde Deinen eigenen Weg, lasse Dich von Deinem Körper und Deinem Geist leiten – völlig ohne Zwang, dann funktioniert es am besten.

Einleiten der Selbsthypnose
(geschrieben von Mike Butzbach)

Es ist sehr wichtig, sich vor der Selbsthypnose in einen entspannten Zustand zu begeben. Schaffe Dir ein geeignetes Umfeld, in dem Du nach Möglichkeit für 15 – 20 Minuten ungestört sein kannst. Achte darauf, dass Du jegliche Störquellen (Klingel, Telefon) für diesen Zeitraum abschaltest. Für manche Menschen ist eine angenehme Entspannungsmusik im Hintergrund genau das Richtige, andere wiederum bevorzugen die absolute Stille – finde heraus, was für Dich am besten passt.

Hier eine Entspannungsübung, die einer meiner persönlichen Favoriten ist: Mache es Dir bequem. Setze oder lege Dich hin, ganz wie Du es als bequem empfindest. Schließe die Augen und löse Dich von allen Alltagssorgen für diese 15 – 20 Minuten. Achte auf Deinen Atem und entspanne jegliche Muskulatur. Wir fangen an mit unseren Zehen. Zuerst bewege sie und dann entspanne sie. Dasselbe machst Du mit den Oberschenkeln. Danach atme tief in den Bauch ein, spanne ihn etwas an und entspanne ihn dann. Auf die gleiche Art und Weise verfährst Du mit Deinen Armen und Schultern. Erst anspannen, dann entspannen.

Als nächstes stelle Dir vor, wie Du an einem Strand in der Karibik oder dem Mittelmeer liegst oder sitzt (was Dir angenehmer ist). Stelle Dir das Meer so bildlich wie möglich vor. Ebenso das Meeresrauschen, die warmen Sonnenstrahlen und den warmen, angenehmen Sand unter Dir. Ein ganz leichter wind weht Dir um die Nase und es ist angenehm warm.
Tauche in das Gefühl ein und genieße es mit Deinem ganzen Sein. Stelle Dir vor, wie Du am Strand entlang gehst und einen für Dich perfekten Platz findest. Wunderschöne Palmen und Blumen lächeln Dich an und laden Dich ein, es Dir dort bequem zu machen.

Du legst Dich dort hin (wenn Du magst in eine Hängematte). Über Dir siehst Du Möwen und weiße Wölkchen vorbei ziehen. Dein Blick schweift in die Ferne und Du siehst Berge am Horizont. Dein Atem wird immer ruhiger und Du wirst von Sekunde zu Sekunde entspannter. Du genießt diesen Zustand mit jeder Faser Deines Körpers. Jeder Atemzug macht Dich noch entspannter, ebenso das angenehme Rauschen der Meereswellen. Es ist ein Zustand voller Harmonie und innerer Leichtigkeit. Der Wind, die Sonne, die Möwen – alles harmoniert und gibt Dir Energie. Du fühlst Dich rundum wohl und fühlst Dich geborgen.

Stelle Dir vor, dass Du an diesem Ort alle Deine Wünsche wahr machen kannst. Du fühlst das innere Selbstvertrauen, dass Du alles sein und haben kannst, was immer Du willst. Es ist so schön und entspannend dort, dass Du das Gefühl hast, Du würdest auf einer Wolke schweben. Du spürst intuitiv, dass Du alles erreichen kannst, was immer Du Dir vornimmst. Dein Mut und Dein Selbstvertrauen wachsen mit jedem Atemzug. Du fühlst Dich mit Mutter Erde verbunden und weißt, dass sie will, dass es Dir gut geht. Deine Zukunft ist für Dich etwas Schönes, Du blickst ihr zuversichtlich und freudig entgegen. Du bist dankbar, dass es Dich gibt und weißt, dass Du eine Bereicherung für das Universum bist. Die Sonne liebt Dich und Du liebst die Sonne. Es ist einfach alles perfekt und jede Zelle Deines Wesens fühlt sich pudelwohl.

Vor Dir liegt ein kleines Boot in der Brandung, dass darauf wartet, dass Du all Deine Sorgen und Nöte dort hinein packst. Stelle Dir nun vor, Du packst alle Deine Sorgen und Nöte in dieses Boot. Fertig? Dann schicke es nun auf die Reise. Langsam schaukelnd entfernt sich das Boot vom Strand, während Du immer ruhiger wirst. Irgendwann verschwindet das Boot ganz am Horizont. Mit all Deinen Problemen und Sorgen.

Und nun beginnt die eigentliche Selbsthypnose.

Atme tief ein und wieder aus.

Beobachte Deine Atmung – wo genau geht die Luft hin, wenn Du ganz tief einatmest?

Lasse die Atmung ein paar Male ganz tief in den Unterbauch fließen und beobachte diesen Vorgang ganz bewusst.

Stelle Dir nun vor, Du atmest mit jedem Zug ein Stück mehr Entspannung ein und sagst Dir im Geiste: „Mit jedem Einatmen werde ich ruhiger und sinke tiefer in die Entspannung".

Wiederhole diesen Satz 2-3 Mal, während Du einatmest.

Und nun stelle Dir vor, Du wärst in der Lage, alle Verspannungen auszuatmen. Stelle Dir dabei vor, Du würdest mit jedem Ausatmen alle Anspannung und Stress ausatmen. Du kannst der Anspannung auch eine Farbe geben und Dir vorstellen, Du würdest eine dunkle Energie ausatmen, die in den Kosmos entweicht.

Wenn Du auch diese Vorstellung 2-3 Mal wiederholt hast, bemerkst Du, dass Dein ganzer Körper bereits jetzt tief entspannt ist. Wenn Du in Dir hinein spürst, wirst Du ein wunderbares Gefühl wahrnehmen.

An dieser Stelle hast Du bereits eine Selbsthypnose induziert.

Genieße den angenehmen Zustand eine Weile, bevor Du die Hypnose selbst wieder zurück nimmst. Aber keine Angst – solltest Du die Rücknahme einmal vergessen, wird nichts Schlimmes passieren. Entweder Du schläfst ein, oder kommst nach einer Weile von selbst wieder aus der Trance.

Vertiefung der Selbsthypnose
(geschrieben von Mike Butzbach)

Wenn Du schon etwas Übung hast, kannst Du die Trance mit den verschiedensten Vorstellungen noch weiter vertiefen. Deiner Fantasie sind dabei keine Grenzen gesetzt. Ich möchte Dir hier nur eine Idee geben, die Du nach Deinem Belieben benutzen und ausschmücken kannst. An welcher Stelle Du die Vertiefungen einbaust, bleibt ganz Dir überlassen. **Du kannst nichts falsch machen** und musst Dich auch an keine starren Regeln halten. Erst recht nicht an den Ablauf in diesem Buch ;o) – experimentiere völlig frei von Druck und Zwängen.

Stelle Dir vor, Du stehst am oberen Ende einer Treppe und schaust diese herunter. Die Treppe hat genau zehn Stufen und am unteren Ende befindet sich eine Türe zu einem Raum. Gehe nun im Geiste ganz langsam die Treppe hinunter und zähle jede Stufe mit.

1…..2…..3…..4…..5…..6…..7…..8…..9…..10

Nun, da Du unten angekommen bist, siehst Du eine Türe vor sich. Diese kannst Du öffnen und hindurch gehen.

Du stehst nun in einem hellen, angenehm eingerichteten Raum, in dem in der Mitte ein gemütliches Sofa steht.

Dieses Sofa lädt zum Drauflegen und Ausruhen ein.

Lege Dich nun ruhig auf das Sofa und spüre, wie Dein Körper leicht in den Untergrund einsinkt.

Sagen Dir nun im Geiste: „Ich sinke nun in einen angenehm tiefen Zustand der Entspannung."

Anschließend sagst Du Dir: „Mein Unterbewusstsein ist nun weit geöffnet für alles Positive."

An dieser Stellekannst Du Dir nun positive Suggestionen im Geiste vorsagen und Dir dabei vorstellen, dass sich diese ganz tief in Deinem Unterbewusstsein verankern. Wie in einem Tresor werden diese Suggestionen nun gespeichert.

Hinweis: Sie kannst durch Selbsthypnose eine leichte bis mittlere Trancetiefe erreichen. Somnambulismus (das tiefste Trancestadium) wirst Du höchst wahrscheinlich nicht erlangen – dazu bedarf es jahrelanger Übung und Meditation. Bei einer fremdgeführten Hypnose sieht die Sache jedoch anders aus. Dort sind tiefste Trancezustände erheblich schneller möglich.

Rücknahme der Selbsthypnose
(geschrieben von Mike Butzbach)

Sage Dir im Geiste: „Ich werde nun ganz langsam wieder aus der Trance zurückkommen. Ich zähle nun von 1 – 3. Bei jeder Zahl werde ich wacher und wacher, Müdigkeit weicht aus meinem Körper. Bei der Zahl 3 bin ich hellwach, erholt und fühle mich vollkommen wohl.

Eins … ich werde wacher und wacher

Zwei… Müdigkeit weicht aus meinem Körper

Drei… (Augen auf) ich fühle mich vollkommen wohl.

Wichtig: Finde die für Dich passende Geschwindigkeit, um aus der Trance wieder zurück zu kehren. Jeder Mensch hat hier unterschiedliche Vorlieben. Bleibe noch wenige Minuten mit geöffneten Augen liegen, bis Du wieder ganz zu Dir gekommen bist!

Übe diese Einleitung an drei aufeinander folgenden Tagen, bevor Du Dich noch ein Stück tiefer in Trance wagst.

Suggestionen formulieren
(geschrieben von Mike Butzbach)

Suggestionen sind im Grunde Affirmationen und wie man weiß, sind Affirmationen in der Lage, uns zu beeinflussen. Um ihre Wirkung zu entfalten, müssen sie sehr häufig aufgesagt werden. Der Vorteil hypnotischer Suggestionen ist, dass dabei die Wirkungskraft wesentlich höher ist. Im Klartext: Die Suggestionen werden schneller und leichter angenommen. Sie gelangen direkt ins Unterbewusstsein und werden somit vom Bewusstsein nicht angezweifelt.

Es gibt einige Dinge, die man bei der Formulierung von Suggestionen in Selbsthypnose beachten sollte:

Achte darauf, dass Du ausschließlich positive verhaltensverändernde und motivationsfördernde Suggestionen formulierst. Denn auch negative Formulierungen speichern sich in Deinem Unterbewusstsein ab und können so möglicherweise zu Glaubenssätzen heranwachsen. Denn diese werden genau so kritiklos angenommen wie positive Suggestionen. Dies stellt aber auch die einzige Gefahr dieser effektiven Selbsthilfemethode dar.

Zudem solltest Du realistische und glaubhafte Suggestionen formulieren, damit die Sätze nicht von Deinem Verstand blockiert werden.

Beispiel: „Ich bin reich und erfolgreich" bringt nichts, wenn Du nicht wirklich daran glaubst, vermögend und erfolgreich zu sein.

Besser ist: „Ich arbeite jeden Tag daran, meine Lebensqualität und meinen Erfolg zu steigern".

Damit setzt Du Akzente für die Zukunft – und wird so ganz sicher funktionieren.

- Rede immer in der „Ich"-Form:
  („<u>Ich</u> fühle mich jeden Tag besser und besser.")

- Formuliere immer positiv:
  („Ich <u>bin</u> absolut ruhig und entspannt.")

- Benutze keine Negationen (nicht, kein) und Symptome (Schmerz etc.)

  Falsch: „Ich habe keine Angst vor Spinnen."
  Richtig: „Immer, wenn ich eine Spinne sehe, bleibe ich ruhig und gelassen."

- Kurze Suggestionen sind besser.
  („ Ich schaffe das.")

- Sprich in der Gegenwart
  („Ich bin ruhig und gelassen.")

Man kann sich aber nicht nur durch wörtliche Suggestionen helfen, auch Zielvorstellungen sind hilfreich. Wenn man zum Beispiel Angst vor einer Prüfung hat, stellt man sich die Situation in Selbsthypnose vor. Man stellt sich vor, wie man die Prüfung entspannt, ohne Nervosität und mit gutem Gefühl erlebt und auch besteht. Man sollte sich dies dabei so lebhaft wie möglich vorstellen.

Wichtig ist, egal ob Worte oder Film, dass man stets eine Zielvorstellung hat. Das bedeutet, man stellt sich die Situation auch immer so vor, als hätte man sie bereits erlebt.

Wenn man die Selbsthypnose dann beenden möchte, löst man diese einfach wie folgt auf:

„Ich zähle gleich von 1 bis 5. Bei jeder Zahl komme ich ein Stück zurück und bei der Zahl 5 bin ich fit, hellwach und fühle mich wohl."

Es kann aber auch durch die Fremdhypnose ein zusätzliches Schlüsselwort oder ein Reiz etabliert werden, der die Selbsthypnose wieder auflöst.

Tipp:
Kurz vor dem Beenden der Selbsthypnose kann man sich noch eine Vertiefungs-Suggestion geben (z.B. „Immer schneller und immer tiefer."). Unser Unterbewusstsein deutet diese Suggestion so, dass es mit jeder Hypnose immer schneller und immer tiefer in die Trance gelangt. Auf diese Weise wird die Selbsthypnose im Unterbewusstsein verankert. Irgendwann ist die Suggestion nicht mehr erforderlich, da die Selbsthypnose dann fest in uns automatisiert ist. Das bedeutet konkret, dass man dann jederzeit innerhalb weniger Sekunden in die Selbsthypnose gehen, sich Suggestionen geben und dann aus der Hypnose wieder aussteigen kann.

Auf den folgenden Seiten findest Du dazu zahlreiche Suggestionen, positive Vorstellungsbilder und Phantasiereisen **unter Hypnose** zu verschiedenen Themenbereichen. Was Phantasiereisen unter Hypnose betrifft ... sie sind sehr intensiv und versetzen uns in die Lage, uns unter Vorstellung aller unserer Sinne in bestimmte Situationen zu begeben und sie souverän zu meistern. Du wirst es erleben ☺. Und fühle Dich bitte frei, eigene Suggestionen, Wirktexte und Wunschanweisungen zu formulieren, wenn Du magst. Und frage Dich dabei selbst: „WER WILL ICH SEIN?" Finde heraus, welche inneren Glaubensprogramme Du haben willst und verwirkliche sie.

Stärkung des Immunsystems
(geschrieben von Mike Butzbach)

Du wünschst Dir eine stabile Gesundheit mit einem starken Immunsystem? Kein Problem. Installiere diesbezüglich folgende förderliche hypnotische Suggestionen in Dein Unterbewusstsein:

„Mein Nervensystem regeneriert nun, tankt neue Kraft."

„Mit jedem Einatmen nehme ich heilende Energie auf."

„Mein Körper startet nun seine Selbstheilungskräfte."

„Mein Unterbewusstsein sorgt für mein Wohlbefinden."

„Meine Gedanken sind voller positiver Energie."

„Ich fühle mich wohl."

Wie bereits erwähnt: Neben hypnotischen Suggestionen helfen auch geistige Bilder, besonders während einer Selbsthypnose. Lege Dich auf eine weiche Unterlage und atme ganz tief in Deine Mitte. Leite die Selbsthypnose ein und stelle Dir dazu bitte vor, dass Du mit jedem Einatmen kraftvolle, universelle Energie bis tief in Deine Mitte aufnimmst, diese Energie sich in Deinem ganzen Körper verteilt und Deinem Nervensystem hilft, Beschädigungen am Immunsystem zu reparieren.

Diese universelle Energie ist ein warmes, weißes Licht, das sich in Deinem ganzen Körper ausbreitet.

All das passiert ohne Dein Zutun, ohne dass Du Dich dafür anstrengen musst.

Mit jedem Ausatmen verlässt alles, was stört, was kaputt ist, alle Unruhe und jeglicher Stress, einfach Deinen Körper. Dein Körper erholt sich und tankt neue Energie. Dein Immunsystem ist die Abwehr Deines Körpers. Sie schützt Dich vor Erkrankungen und erhält Dich gesund und stark.

Krisen überwinden
(geschrieben von Mike Butzbach)

Jeder von uns durchlebt Krisen im Leben und findet sich in Situationen wieder, die uns scheinbar überfordern und aus denen auf den ersten Blick keinen Ausweg zu geben scheint. Folgende hypnotische Suggestionen können uns bei der Überwindung solcher Lebensprüfungen helfen:

„Wir leben in einer sich ständig wandelnden Welt und das wird immer so bleiben. Dieser Prozess gehört zur ganz normalen Evolution und Entwicklung, die ein natürlicher Bestandteil unseres Universums ist."

„Es gibt einen ganz bestimmten Grund für meine Angst vor der momentanen Krise, meine Angst vor der Zukunft. Mein Unterbewusstsein weiß mehr darüber, als mein Bewusstsein zu wissen glaubt. Und wenn mein Unterbewusstsein mehr darüber weiß als mein Bewusstsein, weiß ich wahrscheinlich mehr darüber, als ich zu wissen glaube. Mein Unterbewusstsein weiß genau, worum es geht und wird diese Sache nun auf eine kluge Weise für mich regulieren."

„Unterbewusstsein, ich möchte Dir nun einen Tausch vorschlagen: Negative Glaubenssätze und Angst vor der Zukunft werden nun absolut überflüssig. Dafür bekomme ich neue, positive Glaubenssätze, die mich voller Zuversicht in die Zukunft schauen lassen."

„Ich gehe voller Optimismus und positiv in die Zukunft."

„Ein neuer Anfang ist der Anfang in eine bessere Zukunft."

„Ich bin voller Kraft und Energie."

„Ich denke positiv und meine Ausstrahlung ist positiv."

„Ich kann alles schaffen, wenn ich will."

„Ich erledige alles immer sofort."

„Es wird mir an nichts fehlen."

„Wir leben in einer sich ständig wandelnden Welt und das wird immer so bleiben.

Da die Außenwelt immer ein Spiegelbild meines Inneren, meiner Glaubensmuster, meiner Gedanken und Gefühle ist, wählt mein Unterbewusstsein Gefühle der Freude und der Zuversicht."

„Wenn ich sorgevoll an Unglück und Krisen denke, so ziehe ich Sorgen an. Was immer ich glaube, wird meine Realität. Wenn ich meinen Glauben ändere, ändere ich meine Realität. Deswegen tauscht mein Unterbewusstsein *nun für mich negative Glaubenssätze und Angst vor der Zukunft in positive Glaubenssätze, die mich voller Zuversicht in die Zukunft blicken lassen. Ich brauche nichts dafür zu tun, mein Unterbewusstsein wird von selbst dafür sorgen."*

Entspannung
(geschrieben von Mike Butzbach)

Um eine Tiefenentspannung zu erleben, die für eine ausgeglichene Schwingung sorgt und ideal für zielgerichtete Wunschmanifestationen ist, gehe ich mit einer Visualisierung vor:

„Ich liege auf einer bequemen Luftmatratze. Ganz entspannt, ganz gelöst, spüre ich das Gewicht meines Körpers auf der Unterlage. Ich atme tief in meine Mitte...und begleite meinen Atem ganz bewusst bis tief in meinen Bauch."

„Ich gehe mit meiner Aufmerksamkeit ganz mit meiner Einatmung in meinen Bauch und stelle mir vor, dass es in meiner Mitte vollkommen still ist."

„Ganz still, vollkommen ruhig, erlaube ich es meinem Körper nun, sich auszuruhen, sich zu entspannen, zu schlafen."

„Aber ganz egal, wie tief ich auch entspanne, nur mein Körper wird schlafen. mein Geist bleibt wach."

„Alles andere ist nun vollkommen unwichtig für mich, nur meine Entspannung ist wichtig."

„Ich sehe einen strahlend blauen Himmel. Und irgendwo an diesem Himmel zieht ein Vogel ganz langsam und schwerelos seine Kreise. Mit jedem Kreis, den der Vogel zieht, sinke ich noch etwas tiefer in diesen wundervollen Zustand der absoluten Entspannung."

„Ich entspanne meine Füße."

„Und ich entspanne meine Beine."

„Alle Spannungen lösen sich. Ich entspanne meine Beckenmuskeln vollkommen."

„Und auch meine Bauchmuskeln lösen sich, werden wunderbar locker."

„Meine Rückenmuskeln entspannen sich nun ebenfalls, lösen alle Verspannungen."

„Auch meine Brustmuskulatur entspannt sich, ganz locker und leicht."

„Schultern und Nackenmuskeln lösen nun alle Spannungen."

„Und auch mein Kopf ist klar und herrlich leicht entspannt. Ich fühle mich vollkommen wohl."

„In diese Entspannung kann ich ab sofort jederzeit gehen. Ich setze mich dazu einfach an einen ruhigen Ort, schließe die Augen und stelle mir das Gefühl vor, dass ich im Moment spüren kann…totale Entspannung."

Regeneration
(geschrieben von Mike Butzbach)

Wir machen direkt da weiter, wo wir im vorangegangenen Kapitel aufgehört haben. In diesem wundervollen Zustand der absoluten Entspannung, synchronisiert sich Dein ganzes vegetatives System. Und nun sprich bitte folgende Suggestionen:

„Alles um mich herum ist vollkommen unwichtig und weit weg."

„Meine gesamte Muskulatur lockert sich, entspannt sich jetzt."

„Ich konzentriere mich nur auf meine Entspannung."

„Ich entspanne meine Füße."

„Ich entspanne meine Beinmuskeln."

„Ich entspanne meine Beckenmuskulatur."

„Und auch mein Bauch entspannt sich."

„Ich entspanne meine Rückenmuskulatur."

„Meine Schultern."

„Meine Nackenmuskeln."

„Und auch meine Gesichtsmuskulatur...völlig entspannt ist nun auch mein Gesicht."

Wenn ich nun mit meiner Aufmerksamkeit in meine Stirn gehe, kann ich vielleicht spüren, wie meine Stirnmuskeln immer glatter und glatter werden. Immer glatter und glatter werden meine Stirnmuskeln nun."

„Mein ganzer Körper, meine ganze Muskulatur ist nun frei von Blockaden."

Mein Nervensystem erholt sich, regeneriert sich und tankt neue Kraft."

Schmerzkontrolle
(geschrieben von Mike Butzbach)

Du wünschst Dir, keine Schmerzen mehr zu haben? Installiere Dir bitte diese Suggestionen:

„Schmerzen sind ein Warnsignal meines Körpers, er teilt mir auf diesem Wege mit, dass etwas nicht in Ordnung ist."

„Mein Bewusstsein weiß nun, wovor mein Unterbewusstsein mich warnen möchte, so dass mein Unterbewusstsein diese Warnungen nun nicht mehr aussenden muss."

„Ich weiß wo das Problem liegt und korrigiere es, so dass mein Unterbewusstsein nun keine Warnungen mehr benötigt."

„Falls ein anderes Problem auftaucht, dann wird mein Unterbewusstsein mich wieder darauf hinweisen. Aber für den Schmerz im Zusammenhang mit ……….. (Spezifikation Problem) ist ein weiteres Wahrnehmen unnötig."

„Ich spüre ab sofort keinen Schmerz mehr für ……… (Spezifikation Problem)."

„Ich sehe nun ein helles, warmes, energiegeladenes Licht, dass genau an der Stelle leuchtet, an der ich den Schmerz bisher wahrgenommen habe."

„Dieses Licht ist reine, universelle Energie. Sie hilft mir, meinen Körper zu heilen. Sie breitet sich nun von der Stelle in meinem ganzen Körper aus, so dass jeder Schmerz nun weichen kann."

„Mein ganzer Körper ist nun vollkommen durchflutet mir heilender Energie, und er ist vollkommen schmerzfrei."

Gewichtsreduktion 1
(geschrieben von Mike Butzbach)

Du hast Dich dazu entschlossen, Dein Leben zu ändern – gesund zu leben und Gewicht zu verlieren. Folgende Suggestionen helfen Dir dabei:

„Mein Unterbewusstsein schafft JETZT, im Augenblick meines Entschlusses, für mich die Grundlage, dass ich mich in einer Weise verändern werde, mit der ich mein Ziel – mein Wunschgewicht – auch erreichen kann. Es gibt einen ganz bestimmten Grund für mein Übergewicht. Mein Unterbewusstsein weiß, worum es geht und wird die Sache nun für mich regulieren."

„Ich sehe nun einen großen Raum, in dem ich in der Mitte stehe."

„Ein paar Meter vor mir, an der Wand, sehe ich einen Tisch. Einen Tisch, voll mit allen Lebensmitteln und Getränken, die ich gerne esse, aber von denen ich weiß, dass sie schlecht für mich sind. Alle diese Lebensmittel und Getränke sind verantwortlich für mein Übergewicht. Sie sind fettig, enthalten viel Zucker und machen krank."

„Ich gehe nun langsam auf diesen Tisch zu. Schritt für Schritt bemerke ich, dass ich eine Abneigung gegen diese ekligen Lebensmittel und Getränke entwickele. Mit jedem Schritt wird meine Abneigung größer…ich fühle mich mit jedem Schritt, den ich näher an diese Lebensmittel komme, immer unwohler."

„Immer unwohler und unwohler fühle ich mich beim Anblick dieser Lebensmittel, die schlecht für mich sind. Der viele Zucker, das viele Fett…absolut widerlich sind diese Lebensmittel für mich. Und diese Abneigung steigt, je näher ich diesen Lebensmitteln komme. Ich schau sie mir genau an."

„Diese Abneigung gegen diese Lebensmittel und Getränke speichern sich nun ganz tief ein."

„Ich drehe mich nun um."

„Am anderen Ende des Raumes sehe ich einen weiteren Tisch. Dieser Tisch ist gefüllt mit gesunden Lebensmitteln, wie Obst, Gemüse und frischem Wasser."

„Ich gehe nun auf diesen Tisch zu."

„Ich spüre, wie ich mich mit jedem Schritt wohler und wohler fühle. Je näher ich dem Tisch mit den gesunden Lebensmitteln komme, desto wohler fühle ich mich."

„Auch der Raum um mich herum wird heller und freundlicher mit jedem Schritt."

„Ich bekomme Lust, von diesen gesunden Lebensmitteln zu essen…vom frischen Wasser zu trinken. Immer wohler fühle ich mich, immer wohler und wohler."

„Auch dieses Gefühl des vollkommenen Wohlfühlens beim Anblick gesunder Speisen speichert sich nun ganz tief in meinem Unterbewusstsein ein."

„Ich genieße nun einige Augenblicke dieses angenehme Gefühl, während mein Unterbewusstsein dafür sorgt, dass ich in den nächsten Tagen an Gewicht verlieren werde."

„Ich werde jeden Tag etwas Körpergewicht verlieren, mich gesund ernähren und die Motivation verspüren, mich körperlich zu bewegen, weil es gut für mich ist."

„Jedes Mal, wenn ich ungesunde, fettige Nahrung und Getränke sehe, erinnere ich mich an das unangenehme Gefühl, dass sich tief in mir eingespeichert hat."

„Und jedes Mal, wenn ich gesunde Nahrung und frisches Wasser sehe, erinnere ich mich an das vollkommene Wohlgefühl und die Lust, von diesen Nahrungsmitteln zu essen."

„Jedes Mal, wenn ich ungesunde Nahrung und Getränke sehe, erinnere ich mich an das schlechte Gefühl, dass sich tief in mir eingespeichert hat."

„Und jedes Mal, wenn ich gesunde Nahrung und frisches Wasser sehe, erinnere ich mich an das gute, warme Gefühl und die Lust, von diesen Nahrungsmitteln zu essen."

„Alle meine Worte werden genau so eintreffen, weil sie meinen Wünschen entsprechen."

Gewichtsreduktion 2
(geschrieben von Mike Butzbach)

Es gibt viele übergewichtige Menschen, die bereits erfolgreich abgenommen haben. Und vielleicht kennst Du sogar eine solche Person. Warum also soll es für Dich nicht auch möglich sein, Dein Wunschgewicht zu erreichen, oder? Hier sind weitere hilfreiche Suggestionen:

„Ich weiß, dass ich die Fähigkeit habe, soviel Gewicht abzunehmen, bis ich mein Wunschgewicht erreicht habe."

„Alte Gewohnheiten, die an meinem Übergewicht schuld sind, werden nun vollkommen gleichgültig. An ihre Stelle treten neue, gesunde Gewohnheiten. figurbewusste Ernährung und Spaß an körperlicher Betätigung werden jetzt zu meinen neuen Gewohnheiten."

„Unterbewusstsein, ich möchte Dir nun einen Tausch vorschlagen. Alte Gewohnheiten, die zu Übergewicht und Krankheit führen, werden nun absolut gleichgültig. Dafür bekomme ich einen schlanken, gesunden Körper, höhere Lebensqualität und mehr Spaß am Leben."

„Ab sofort ernähre ich mich ausgewogen."

„Ich achte auf meine Gesundheit und meinen Körper."

„Ein schlanker, gesunder Körper ist mir wichtig."

„Ich habe Freude bei körperlicher Betätigung."

„Ich sehe positiv in die Zukunft."

„Mein Unterbewusstsein wird einfach nur jeden Teil von mir in einer Weise verändern, dass alte, schlechte Gewohnheiten ab sofort nicht mehr wichtig sind für mich. Wichtig ist ab sofort nur noch ein gesunder, schlanker Körper."

„Bald werde ich feststellen, dass sich das Problem meines Übergewichts löst, indem ich mehr oder weniger von den richtigen Nahrungsmitteln esse, die mir schmecken und indem ich mich viel mehr körperlich betätige."

„Und mit jedem Kilogramm Gewicht, das ich in der nächsten Zeit verliere, vergrößern sich meine Motivation und mein Ehrgeiz, mein Wunschgewicht zu erreichen. Sobald ich mein Wunschgewicht erreicht habe, werde ich aufhören, an Gewicht zu verlieren und mein Wunschgewicht halten."

„Jede Nacht im Schlaf wird mein Unterbewusstsein mich daran erinnern, dass ab sofort ein schlanker, gesunder Körper und körperliche Betätigung wichtig für mich sind."

Prüfungsangst
(geschrieben von Mike Butzbach)

Dein Wunsch ist es, Prüfungen ohne Angst zu meistern? Okay, dann mal ran ans Werk. Hypnose ist gut dafür geeignet, unser Gehirn in einen optimalen Lernzustand zu bringen. Hier die Suggestionen dafür:

„Mein Unterbewusstsein kennt die Ursache für meine Prüfungsangst und wird die Sache jetzt für mich in Ordnung bringen."

„In meinem Kopf gibt es einen riesigen Raum, der voll mit Regalen ist. In diesen Regalen stehen viele Bücher, mein komplettes bisheriges Wissen."

„In diesem Raum sind aber auch noch viele Regale leer – es gibt noch viel mehr Platz für weitere Bücher."

„Alles, was ich lerne, wird dort gelagert und ist für mich jederzeit verfügbar. Nichts geht verloren, alles ist an seinem Platz."

„Dieser Raum ist für mich immer geöffnet. Ich habe immer Zugang zu diesem Raum, er wird nie verschlossen sein."

„Mein Unterbewusstsein wird dafür sorgen, dass ich immer Zugang zu diesem Raum – meinem Wissensraum – habe, wann immer ich ihn benötige."

„Ich drücke nun den Daumen und Zeigefinger meiner rechten Hand ganz fest zusammen."

„Immer, wenn ich Daumen und Zeigefinger meiner rechten Hand zusammendrücke, so wie jetzt, werde ich absolut ruhig und konzentriert."

„Ich erinnere mich an meinen Wissensraum, kann diesen besuchen, um das Notwendige herauszusuchen."

„Immer, wenn ich Daumen und Zeigefinger meiner rechten Hand zusammendrücke, so wie jetzt, werde ich absolut ruhig, konzentriert und sicher."

„Ich weiß, dass ich alles Gelernte in meinem Wissensraum abgelegt habe und jederzeit hervorholen kann, wenn ich es benötige."

„Nervosität und Unruhe sind absolut überflüssig, denn mein Unterbewusstsein hält meinen Wissensraum immer offen für mich, immer zugänglich für mich."

„Ich werde mich die nächsten Tage immer besser und besser fühlen, denn mein Unterbewusstsein wird mich an meinen Wissensraum erinnern, wann immer es notwendig ist."

„All das Gesagte speichert sich ganz tief ein und wird genau so eintreffen, weil es meine innere Realität ist."

„Jede Information, die ich jemals gelernt habe, befindet sich in meinem persönlichen Speicher. Und jede Information, die ich jemals gelernt habe, steht mir jederzeit zur Verfügung."

„An einer Prüfung teilzunehmen gibt mir die Chance, mein Wissen abzurufen und meine Fähigkeiten unter Beweis zu stellen. Ich bin gut auf meine Prüfung vorbereitet und es gibt keinen Grund, nervös oder ängstlich zu sein."

„Ich sehe nun klar und deutlich, was von mir verlangt wird. Ich weißt ganz genau, dass ich mich auf mein Unterbewusstsein verlassen kann."

„Es wird mir alle Informationen zur Verfügung stellen, die ich benötige, um die Prüfung gut zu bestehen."

„Nervosität ist vollkommen überflüssig, denn ich habe alle benötigten Informationen in meinem Kopf gespeichert. Ich werde die Prüfung ohne Nervosität und Angst bestehen."

Selbstbewusstsein
(geschrieben von Mike Butzbach)

Unsicherheiten liegen tief in uns begraben. Mit Hypnose erreichen wir die tiefliegenden Ursachen und verändern sie dort in ihrem Kern. Wir gehen hier auf die gleiche Weise vor wie bei der Prüfungsangst. Sprich bitte folgende Suggestionen:

„Mein Unterbewusstsein kennt die Ursache für meine Selbstzweifel, und wird die Sache jetzt für mich regeln."

„In meinem Kopf gibt es ein riesiges Zimmer, in dem ich mich vollkommen geborgen und sicher fühle. In diesem Zimmer gelingt mir einfach alles."

„Dieses Zimmer ist für mich immer geöffnet. Ich habe immer Zugang zu diesem Zimmer, es wird nie verschlossen sein."

„Mein Unterbewusstsein wird dafür sorgen, dass ich immer Zugang zu diesem Zimmer – meinem Zimmer der Sicherheit – habe, wann immer ich es benötige."

„Ich drücke nun den Daumen und Zeigefinger meiner rechten Hand ganz fest zusammen."

„Immer, wenn ich Daumen und Zeigefinger meiner rechten Hand zusammendrücke, so wie jetzt, werde ich absolut ruhig und selbstsicher."

„Ich erinnere mich an mein Zimmer, kann es besuchen, um mich sicher und geborgen zu fühlen."

„Unsicherheit und Unruhe sind absolut überflüssig, denn mein Unterbewusstsein hält mein Zimmer immer offen für mich, immer zugänglich für mich."

„Ich werde mich die nächsten Tage immer besser und besser fühlen, denn mein Unterbewusstsein wird mich an mein Zimmer erinnern, wann immer es notwendig ist."

„All das Gesagte speichert sich ganz tief ein und wird genau so eintreffen, weil es meine innere Realität ist."

Subliminal-CDs
(geschrieben von Mike Butzbach und Goran Kikic)

Das Eingeben neuer positiver, lebensbejahender Glaubenssätze kann auch durch Subliminal-CDs erfolgen. Dabei werden Affirmationen benutzt, die auch in der modernen Hypnotherapie angewandt werden. Wie funktioniert das konkret? Mit der Subliminal-Technik werden positive Affirmationen am Bewusstsein vorbei, direkt ins Unterbewusstsein transportiert. Die Affirmationen sind aufgrund ihrer Klangfrequenz für das Bewusstsein nicht hörbar, dennoch nimmt das Unterbewusstsein diese wahr. Die Affirmationen gelangen somit ungefiltert, ohne kritisch hinterfragt zu werden, in das Unterbewusstsein, wo sie ihre Wirkung entfalten (man hört nur die Musik auf der CD, keine gesprochenen Worte).

Subliminals sind nichts Geheimnisvolles, sie sind schon lange von Werbung und Wissenschaft entdeckt. Es gibt schon längst wissenschaftliche Studien, die beweisen, dass sie wirksam sind. So sind sie zum Beispiel in der Werbung vom Gesetzgeber verboten (der beste Beweis, dass sie wirklich „funktionieren").

Das Schöne an Subliminal-CDs im Gegensatz zu einer Hypnosetherapie ist, dass man sie überall anwenden kann! Außerdem ist keine formelle Einleitung oder Entspannung notwendig, wie es bei einer Hypnosesitzung der Fall ist. Die Affirmationen gelangen ins Unterbewusstsein, ob man entspannt ist, oder gerade vor dem Computer sitzt. Für Menschen, die mit Hypnose oder Mentaltraining Schwierigkeiten haben, ist diese Technik optimal. Allein die Musik auf diesen CDs kann eine tiefe Entspannung auf allen Ebenen hervorrufen (das gilt auch bei sehr analytischen Menschen). Wichtig ist nur die regelmäßige Nutzung. Alles andere erledigt unser Unterbewusstsein für uns.

In Kombination mit Hypnose CDs sind subliminals vielfach effektiver. Mit Subliminal-CDs habe ich für mich ein machtvolles Instrument gefunden, um schnell und dauerhaft positive Veränderungen zu bewerkstelligen. Und das ohne besonderen Aufwand. Ich kombinierte subliminals mit einer Hypnose-CD und war erstaunt, wie schnell ich die gewünschten Ergebnisse erzielte! Zuvor gab es einige skeptische Personen aus meinem Umfeld, die das kaum glauben konnten. Für mich gilt jedoch die Eigenerfahrung und mein Maßstab heißt ganz klar „Wirkung".

Mein Tipp:
Die meisten Menschen fahren (ob mit dem Auto oder mit öffentlichen Verkehrsmitteln) täglich ca. 30 Minuten. Das sind 10.950 Minuten im Jahr (182,5 Stunden). Diese Zeit kann man z.B. dafür nutzen, Hypnose-CDs zu hören und sich förderliche Glaubenssätze einzuprogrammieren.

Meine Selbsthypnose
(geschrieben von Goran Kikic)

„Bewerte Deine Glaubenssätze nicht nach ihrer Plausibilität, sondern danach, ob sie Dir nützen oder nicht." (Christian Reiland)

„Wenn Du die Absicht hast, Dich zu erneuern, tue es jeden Tag." (Konfuzius)

Wenn man nicht weiß, womit man es zu tun hat, kann man auch nichts dagegen tun. Aus diesem Grund ist es wichtig, sich das Unbewusste bewusst zu machen. Ich weiß nicht, wie es bei Dir ist, lieber Leser, aber ich tappe nur ungern im Dunkeln herum, wenn es um die eigene Person geht. Die Herausforderung ist, sich selbst kennen zu lernen, sich mit sich selbst vertraut zu machen und nicht das zu sein, worauf man "abgerichtet" wurde. Glaubenssätze erkennt man bei einer Hypnosesitzung nicht durch eine direkte Frage, sondern eher aus den Erzählungen oder den Bildern, die der Klient während einer Sitzung äußert. Sind die Ursachen bestimmter negativer Glaubenssätze während einer Hypnosesitzung erst einmal erfolgreich lokalisiert und erkannt worden, kann man sie durch einen förderlichen Glaubenssatz aufheben. Oft lösen sich Glaubenssätze bereits dann auf, wenn man sich ihrer bewusst wird. Zumindest lockert sich der Tunnelblick bereits etwas. Ich habe es selbst erlebt und kann sagen: „Wahnsinn, was dabei alles an die Oberfläche kam. Ich verstand mich selbst immer besser und besser." Das Schöne beim Auflösen von Blockaden ist, dass man die Suggestionen recht allgemein formulieren kann. Man überlässt es dem Unterbewusstsein, wo es etwas auflöst. Es kommt nicht selten vor, dass sich innere Blockaden auflösen, die zu Themenbereichen gehören, an die man gar nicht gedacht hat.

Wichtig ist auch zu wissen: Glaubenssatz ist nicht gleich Glaubenssatz. Je nach dem, wie viel Energie ein Glaubenssatz erhalten hat und über welchen Zeitraum er aufrechterhalten wurde, gibt es unterschiedliche Intensitäten. Ein paar „mittelschwere" und auch ziemlich starke machten mir eine Zeit lang sehr zu schaffen. Mein Selbstvertrauen war durch meine Lebenskrise recht angeschlagen und es plagten mich immer noch Existenzängste. Auch fühlte ich mich immer noch etwas ausgepowert und innerlich machte ich mir immer noch Vorwürfe, wie ich in solch eine Lebenskrise geraten konnte. Was, wenn das wieder passieren würde? Angst machte sich in mir breit. Zudem hielt ich mich für nicht gut genug für meine Partnerin, die ihr Leben doch so souverän meisterte.

„Die am tiefsten verinnerlichte Überzeugung bei allen, mit denen ich bisher gearbeitet habe, war: Ich bin nicht gut genug!" (Louise L. Hay)

All diese Selbstzerstörungs-Gedanken verursachten mentale und energetische Blockaden in mir, und sorgten für eine TOTAL disharmonische Schwingung.

Ich wusste: Hier muss eine tiefgehende Ursachenbehandlung vollzogen werden. Ein paar Tage später nahm ich mir vor, die Sache mittels Selbsthypnose anzugehen. Ich zog mich daheim an einen ungestörten Platz zurück und löste mich gedanklich von meinen Alltagssorgen. Ich schloss die Augen und stellte mir vor, dass meine Gedanken wie auf einer Kinoleinwand vor mir ablaufen. Ich hielt dabei keinen Gedanken fest, sondern beobachtete sie nur von meinem imaginären Kinosessel aus.

Als nächstes stellte ich mir vor, wie ich meine Sorgen, Ängste und Zweifel auf eine Wolke packe. Ich lud in meiner Phantasie die Wolke mit allem Ballast auf, der mich belastete. Sobald die Wolke voll war, gab ich ihr einen Schubs nach oben und sie schwebte davon. Ich sah, wie die Wolke sich immer mehr und mehr von mir entfernte, bis sie schließlich ganz verschwand.

Dann fing ich mit der eigentlichen Tranceeinleitung an:

Ich atmete einige Male tief in den Unterbauch ein und genau so tief wieder aus. Ich konzentrierte mich ausschließlich auf meine Atmung und beobachtete, wohin die Luft beim Einatmen strömte.

Ich stellte mir vor, dass ich mit jedem Atemzug pure Entspannung einatme. Ich gab der Entspannung eine Farbe und bemerkte, wie die Farbe langsam meinen ganzen Körper füllte. Dabei sagte ich mir im Geiste: „Mit jedem Einatmen sinke ich tiefer und tiefer in eine angenehme Entspannung".

Anschließend stellte ich mir vor, wie ich mit jedem Ausatmen Anspannung, Ängste, Zweifel und negative Energie ausatme. Auch dieser Energie gab ich eine Farbe (schwarz) und stellte mir vor, wie ich mit jedem Ausatemzug diese Energie an das Universum zurück gebe. Ich löste mich dann völlig und sank noch tiefer in die Entspannung.

Diese Einleitung dauerte anfänglich etwa 15 – 20 Minuten.

Als meine Entspannung so weit voran geschritten war, dass ich mich richtig wohl fühlte, stellte ich mir einen Fahrstuhl vor, in dem ich stehe. Der Fahrstuhl bewegte sich abwärts und ich spürte das leichte Ruckeln, welches mich noch tiefer entspannen ließ. Mit jedem Stockwerk, welches der Fahrstuhl tiefer fuhr, wurde ich ruhiger und ruhiger. Ich sagte mir im Geiste: „Je tiefer ich fahre, desto ruhiger werde ich. Sobald ich unten angekommen bin, öffnet sich die Tür zu meinem Unterbewusstsein ganz weit."

Sobald ich soweit war, visualisierte ich, dass der Fahrstuhl stoppt, sich die Fahrstuhltüre öffnet und mir ein gleißendes Licht entgegen strahlt. Durch diese „Türe" sprach ich dann alle meine Wünsche und Anweisungen an mein Unterbewusstsein, frei nach der Devise, dass in jedem erfolglosen Menschen in Wahrheit ein erfolgreicher Mensch steckt. Man muss ihn nur befreien aus dem „Denk- und Glaubensknast, der ihn gefangen hält.

„Ich bin fähig, tüchtig und stark."
„Ich kann jede Realität erschaffen."
„Ich bin gut, schön und liebenswert."
„Ich bin voller Energie und Lebendigkeit."
„Ich bin mutig und voller Selbstvertrauen."
„Ich glaube an mich und meine Fähigkeiten."
„Ich nehme mit jeder Atemzug neue Energie auf."
„Ich nehme meine Vergangenheit an, wie sie ist."
„Ich gehe meinen Weg mit Mut, Kraft und Vertrauen."
„Intelligenz, Mut und Selbstvertrauen sind immer in mir!"
„Ich weiß, dass ich alles bekomme, was gut für mich ist."
„Ich bin ab sofort jeden Tag selbstsicherer und selbstbewusster."

u. v. m.

Und es machte immer mehr Klick in meinem Kopf. Diese Suggestionen haben sich bei mir bereits zu einer Grundüberzeugung etabliert. Ich entschied damit, was ich glauben wollte und somit auch, was ich erschaffen wollte.

Noch während ich die Suggestionen sprach, fühlte ich ein Wohlgefühl und eine wachsende Stärke in mir. Was für Energieströme! Und es wurde noch besser: Schon nach ein paar Selbsthypnosesitzungen änderte sich mein Inneres. Plötzlich war diese Gelassenheit in mir. Es war wie ein Zustand der Schwerelosigkeit. Diese Leichtigkeit, die mich durchströmte, lässt sich mit Worten nicht beschreiben. Es hatte sich irgendwie im Kopf ein Hebel umgelegt und es ging mir richtig guuuuuuuuuuut!!! Mein „Glaubenssatz-Kompass" wurde durch die Selbsthypnose komplett neu ausgerichtet. Ich stellte mir vor, wie mein neuronales Netzwerk gereinigt wurde und ich neue, förderliche neuronale Verbindungen in meinem Oberstübchen programmierte. Die Existenzangst schwand von Woche zu Woche. Und eines kann ich Dir sagen, lieber Leser: Jeder Lebensmoment, der angstfrei gelebt wird, ist etwas unendlich Kostbares!!! Ich lebte nicht mehr aus der Überzeugung „Was bringt mir wohl die Zukunft", sondern aus dem festen Glauben „Ich mache mir eine Zukunft, die mir so richtig gut tut". Ich fühlte mich geborgen und beschützt. Wie schön das Leben doch sein kann. Meine Gedanken waren: „WOW, wer hätte das gedacht? Das Leben kann etwas ganz anderes sein als das, was ich bisher angenommen habe." Ich weiß noch, wie ich ein paar Tage später alleine im Wohnzimmer auf der Couch saß und bemerkte, dass meine Existenzängste vollkommen weg waren. Ich dachte, ich müsste mich mehr anstrengen, um sie zu erfühlen, aber Fehlanzeige. Sie waren einfach nicht mehr da und hatten auch keinen Abschiedsbrief hinterlassen. Ich saß also da – und lachte. Ich fühlte mich so leicht und frei wie selten zuvor!!! Sogar meine Träume veränderten sich und wurden harmonischer. Es war wie ein Total-Reset. Alles war perfekt (kann man 'perfekt' eigentlich noch steigern?). Das war absolut genial. Ich sagte mir selbst: „Leb wohl, Du negative Prägung aus einer Zeit, die schon lange, lange vorbei ist. Und beehre mich nicht wieder!!!" Ich stellte fest, dass ich mir plötzlich gar keine Mühe zu geben brauchte, um positiv zu denken. Wenn Dein Unterbewusstsein erst einmal voller positiver Glaubenssätze ist, lieber Leser, dann bist Du an einem Punkt angelangt, an dem Du nicht mehr etwas zu „tun" versuchst, um eine Wunscherfüllung zu erreichen, nein, Du schwingst unbewusst auf der „Welle des Glücks" und erschaffst Dir ganz automatisch Dein Wunschleben. Man denkt anders und glaubt anders, man fühlt sich lebendiger als sonst. Man gehört sich wieder selbst. Wenn man das einmal erlebt, dann ist die Motivation grenzenlos. Ich jedenfalls erlebte das Maximum an Freiheits- und Glücksgefühlen.

Und auch die Schuldgefühle bezüglich meiner Lebenskrise wurden mit der Zeit weniger, bis sie ganz weg waren. Der Fluch war gebrochen!!! Ich ließ sie hinter mir, so wie eine Schlange ihre alte Haut hinter sich lässt. Sie waren einfach raus aus meinem System. „Cool", dachte ich mir. „Wieder ein mentales Stoppschild weniger." Der Wind hatte sich komplett gedreht!!! Die Glaubenssatzänderung veränderte nicht nur meine Gegenwart, sondern auch meine Vergangenheit. Ich sah alles in einem ganz neuen, positiven Licht. Krisenartige Erlebnisse aus meiner Vergangenheit empfand ich plötzlich gar nicht mehr als so schlimm. Dadurch, dass wir unsere Identifikationen ändern, bilden sich in unserem Gehirn eine Vielzahl neuer Nervenverbindungen und wir sind nicht mehr dieselben. Und in meinem Fall kann ich mit Gewissheit sagen, dass die innere Änderung mir und meinem Umfeld einen großen Gefallen erwiesen hat. Der Unterschied meines mentalen Zustandes vor und nach meinen Selbsthypnose-Sessions war so obergigantisch groß, dass ihm kein Vergleich gerecht wird.

„Neue Gedanken sind neues Leben!" (Prentice Mulford)

Manche meiner Freunde, die mich ein paar Monate nicht gesehen hatten, erkannten mich kaum wieder. Sie sagten, meine Ausstrahlung habe sich komplett zum Positiven gewandelt. Es war wirklich wie eine Neugeburt.

Es kann vorkommen, dass durch Deine neue Ausstrahlung und Dein neues Verhalten, manche Deiner bisherigen Freunde, Verwandten und Bekannten irritiert oder sogar enttäuscht von Dir sind. Wenn Du vorher sehr unsicher warst, kannst Du durch Hypnose zu einem Selbstvertrauen geführt werden, welches Du bis dato noch nicht kanntest – und das kann für manchen aus Deinem Umfeld eine gewöhnungsbedürftige Umstellung sein. Das ist jedoch nicht über zu bewerten, denn langfristig gesehen haben wir alle etwas davon, wenn Du Deinem eigenen Weg des Glücks folgst.

Mein Selbstvertrauen wuchs und ich war nach einiger Zeit unerschütterlich, wie ein Baum, der mit seinen Wurzeln fest verankert in Mutter Erde ist. Und ich wurde um eine sehr kostbare Erkenntnis reicher: „Mir stehen viel mehr Möglichkeiten offen, als ich bislang angenommen habe. Ich muss im Grunde nichts als gegeben hinnehmen. ICH kann sein, wer, was und wie ICH sein will! Ich kann wirklich der Mensch sein, der ich schon immer gerne sein wollte. Wer ich bislang war, hing von meinen Identifikationen und Bewertungen über die Welt und mich selbst ab. Doch die kann ich ändern, wenn ich das will. Das konnte ich mir bislang in meinen kühnsten Träumen nicht vorstellen." Das veränderte schlagartig mein Verhältnis zu mir und meinem Leben. Ich war erfüllt mit einer neuen Kraft, mit Energie, mit einem mächtigen Antrieb, mich selbst umzuwandeln. Alle inneren ZWEI-fel in Bezug auf ein schönes Leben waren weg (ZWEIFEL= mindestens ZWEI Meinungen und deshalb Unklarheit). Ich wurde auch viel sensibler für Glücksmomente in meinem Leben. Und das hält bis heute an. Etwa vier Monate später waren meine „Probleme" aus der Welt, als ob sie niemals bestanden hätten.

Aus esoterischer Sicht bleiben unsere alten Glaubenssätze ein Teil von uns, aber sie wirken nicht mehr. Sie sind ein Teil unserer Lebenserfahrung, ein Teil unseres Bewusstseins (welches durch ALLE Erfahrungen wächst und reift, und durch sogenannte Wirkungskanäle, astrale Röhren oder auch Akafäden mit unseren Erfahrungen in Verbindung bleibt), aber sie sind im Offline-Modus, sie sind energetisch leer und haben keine Auswirkung auf das gegenwärtige Leben.

SPIRIT UNLIMITED
Ich hatte den Wunsch nach einer Internet-Plattform, auf der ich Prominente zu allen möglichen interessanten Themen befragen wollte (Gesetz der Anziehung, 2012, Hypnose, EFT, Feng Shui, Mentaltraining u. v. m.). Diesen Wunsch hatte ich schon 2008 gehabt und mir schwebten Interviewpartner wie Dieter Broers, Pierre Franckh, Robert Betz, Kurt Tepperwein und andere interessante Persönlichkeiten vor. Allerdings machte sich in mir das Gefühl breit, dass ich an solche „Hochkaräter" nicht herankommen würde. Auch hier halfen mir meine selbsthypnotischen Suggestionen, dass ich alles erreichen kann, was ich mir vornehme (diese Suggestion wurde für mich zu einem Filter, zu meiner für mich geltenden ganz persönlichen Wahrheit – aber ganz ohne triebhaften Ehrgeiz; wenn es an einem Tag mit dem Manifestieren nicht hinhaut, dann ist das auch ein schöner Tag ☺).

Übung macht den Meister, sagt man und ich „übte" viel. Selbsthypnose wurde im Laufe meines Lebens ein spaßiger Teil meiner Alltagsaktivitäten, ebenso wie Zähneputzen oder essen. Und das blieb nicht ohne Wirkung, denn meine Schwingung veränderte sich und ich spürte regelrecht, wie das anvisierte Ziel – die Interview-Plattform - in Reichweite rückte. Ich war „glaubenssatztechnisch" gesehen in Höchstform und hätte vor lauter positiver Energie explodieren können. Die Gewissheit, dass mein Wunsch bereits Realität war, wuchs immer mehr und mehr. Alles in mir war in Freude und die steigerte sich von Selbsthypnosesitzung zu Selbsthypnosesitzung. Und schon bald darauf zog ich Menschen an, welche die gleiche Vision hatten wie ich selbst (Christian Reiland, Ines Donath, Alexander Nastasi, Peter Breidenbach und Heidi Wellmann). Das zeigte mir mal wieder: Sobald die inneren Überzeugungen „auf Kurs" gebracht sind, geht der Rest wie von ganz allein. Heute ist unsere Interview-Seite SPIRIT UNLIMITED (www.spiritunlimited.de) kein Traum mehr, sondern handfeste Realität. Ich für meinen Teil **glaubte** den gewünschten Zustand **herbei**, weil keine inneren Sperren mehr da waren (vorher in meinem Leben **glaubte** ich gewünschte Zuständ oftmals **weg**). Spätestens als Pierre Franckh und Dieter Broers uns zusagten, wurde mir (zum x-ten Mal) unmissverständlich klar: „IT WORKS!!! Wünsche werden wahr, wenn man an ihre Erfüllung glaubt." Und dank Selbsthypnose verstärkte ich meinen Glauben enorm. Und das war erst der Anfang!!! Es folgten weitere Kontakte zu interessanten und faszinierenden Menschen wie Olivera von Engelleben (*Das Tor zum Bewusstsein*), Rüdiger Schache (*Das Geheimnis des Herzmagneten*), Helmar Rudolph (*Das Master Key System*), Rüdiger Dahlke (*Krankheit als Weg*), Bärbel Kühler (*Glück ist lernbar*), Olaf Jacobsen (*Ich stehe nicht mehr zur Verfügung*), Rainer Schnell (*Hypnosetherapeut, bekannt aus Funk und Fernsehen*), Udo Grube (*dem deutschen Herausgeber der Filme THE SECRET und BLEEP*), Marion Rößler (*Ich kann nicht mehr…jetzt ändere ich was*) und vielen anderen. Was in meinen (alten) Augen zuvor als unerreichbar galt, war dank Hypnose SO LEICHT Realität geworden. Wie sagte Walt Disney doch so schön: „Es macht Spaß, das Unmögliche zu tun."

Die Liste meiner Wunscherfolge ist noch weitaus länger, lieber Leser, würde hier aber den Rahmen sprengen. Ich empfehle Dir dazu einen Blick in **„Das glückliche Taschenbuch grandioser Wunscherfolge"**. Einen Wunscherfolg möchte ich aber gerne noch mit Dir teilen…

DER WUNSCH-JOB
Als ich vor Jahren ein unvorteilhaftes Bild von mir selbst hatte, gelang es mir nur sehr schwer, trotz zahlreicher Bewerbungsschreiben einen Job zu ergattern. Und wenn ich einen bekam, dann fühlte ich mich in ihm meist nicht wohl, das Gehalt entsprach nicht meinen Vorstellungen und ich empfand mich als nicht wirklich kompetent und qualifiziert genug. Besonders die Vorstellungsgespräche waren für mich ein einziger Horror. Ich sah mich selbst als klein und entbehrlich. Und durch diesen inneren Glauben wurde ich letztendlich in Bewerbungsgesprächen auch so behandelt. Die Nervosität vor solch einem Gespräch machte mir bereits Tage zuvor schwer zu schaffen. Ich kannte bereits das Gesetz der Anziehung und wünschte mir einen Job, in dem ich mein Wunschgehalt bekomme, in der ein angenehmes Betriebsklima herrscht und in dem ich nicht viel zu arbeiten habe. Doch so sehr ich auch wünschte, imaginierte und affirmierte, der Wunsch wurde nicht Wirklichkeit. Irgendwann langte es mir und mir fielen Mikes Worte ein: „Hypnose kann unser ganzes Leben verändern. Hypnose ist vor allem ein hocheffektives Mittel, um das Unterbewusstsein nach unseren Wünschen zu programmieren. Warum? Weil unsere Gedanken unter Hypnose absolut fokussiert sind." Und wie ich wusste, war das immens wichtig, da unsere realitätsschaffende Schwingung hauptsächlich aus dem Unterbewusstsein kommt, welches ja für Gewohnheiten und GLAUBENssätze zuständig ist. Ein paar Tage später suchte ich Mike auf und wir verabredeten mehrere Hypnosesitzungen. Unser Ziel war das „Installieren" neuer, förderlicher Glaubenssätze in Bezug auf mein Selbstbild und dass ich meinen Wunschjob „bekommen werde". Schon in der ersten Sitzung suggerierte er mir ein,

dass ich so, wie ich war, gut war. Von Sitzung zu Sitzung fühlte ich mich immer besser und besser. Mike verstand es blendend, meine Denkweise in ihren Wurzeln umzugestalten. Er suggerierte mir, dass ich das Recht und die Fähigkeiten habe, meine Wünsche zu realisieren. Dass ich jede Arbeit, die sich mir stellt, erfolgreich abschließe, dass ich voller einzigartiger und sehr nützlicher Talente stecke, dass ich Vorstellungsgespräche mit Bravour meistere, dass ich eine Bereicherung für jede Firma bin, dass ich mit anderen Menschen bestens auskomme, dass ich im Berufsleben laufend Erfolgsergebnisse verbuche und dass mein Wunschjob auf dem Weg zu mir ist.

Um die Sache zu verkürzen: Die Hypnosesitzungen bewirkten wahre Wunder und wirkten weit in mein Alltagsleben fort. Nach einigen Wochen bemerkte ich nämlich, wie meine alte „Identität" sich immer mehr aufzulösen schien. Meine gewohnte „Denke" änderte sich radikal, es bildeten sich ganz andere Wertmaßstäbe in mir, es entstand ein völlig neues Bewusst-Sein. Ich war innerlich gefestigt wie ein Berg, ich nahm mich selbst so an, wie ich war, das Leben war einfach erfüllt von einer viiieeel höheren Qualität. Ich fand zu einem positiven Selbstbild, das mir zuvor gänzlich unbekannt war. Mit meiner neuen „Selbst-Version" war natürlich auch meine Ausstrahlung bzw. meine Schwingung eine ganz andere geworden. Ich war voll und ganz auf Erfolg „eingestellt!!!"

Die Richtung meiner Glaubenssätze war nun ganz bewusst und gezielt vorgegeben, meine Schwingung lief nicht mehr unkontrolliert ab. Die Brille, durch die ich die Welt und mich selbst sah, war von mir überprüft und verändert worden. Und was glaubst Du, was kurz darauf geschah? Ich wurde zu einem Vorstellungsgespräch eingeladen und nach nur etwa drei Minuten bekam ich den gewünschten (Büro)Job. Es war so, als hätte dieser Job nur auf mich gewartet. Das Gehalt entsprach voll und ganz meinen Wünschen, die Stimmung am Arbeitsplatz war supi und von acht Stunden am Tag arbeitete ich insgesamt nur etwa drei. Gleiches zieht Gleiches an und meine neue, innere Harmonie und dieser harmonische Job waren auf einer Ebene, sie waren „gleich". Zuvor war ich auf einer ganz anderen Schwingung und KONNTE diesen Wunschjob gar nicht finden. Durch Hypnose wechselte ich (zuerst innerlich, dann äußerlich) die Ebenen und zog das an, was mich glücklich machte. Alles in mir war im Einklang, es gab keine Widerstände, alles floss in eine Richtung. Mein Vorgesetzter brachte mir sogar neue Computerspiele und Zeitschriften mit, damit mir nicht langweilig wird – und das fast jeden Tag. Ich konnte es erst kaum fassen. Es war alles so einfach. Die Welt war eine andere. Und warum war die Welt eine andere? Weil ICH ein anderer Mensch geworden war. Ein regelrechtes Feuer der Begeisterung erfasste mich und in mir bildeten sich die Gedanken: „Nun beginnt das eigentliche Leben, MEIN Leben, nach meinen eigenen inneren Maßstäben. Jetzt endlich lebe ich wirklich und wahrhaftig aus selbst gewählten Überzeugungen heraus."

Lieber Leser, der Du diese Zeilen gerade liest, Du solltest Dir im Interesse Deines Lebensglückes vor Augen führen, dass der größte Irrtum, den die meisten Menschen begehen, die fälschliche Annahme ist, dass sie ihre inneren Programme, Ängste, Zweifel, Ansichten usw. nicht ändern können. Es geht definitiv und mit Hypnose ging es bei mir besonders gut!!!

Nachwort
(geschrieben von Goran Kikic)

So, lieber Leser, wir sind am Ende des Buches angelangt und ich danke Dir, dass wir diesen Weg gemeinsam gegangen sind.

Ich hoffe, Mike und ich konnten Dich mit dem „Hilfsmittel Hypnose" vertraut machen, welches sich für uns und viele andere bewährt hat, um das eigene Leben glücklicher zu gestalten. Ich hoffe auch, wir konnten Dir vermitteln, dass wir nicht auf der Welt sind, um nur „da" zu sein, uns in vorgefertigte Denkschablonen pressen zu lassen, sondern dass wir alle hier sind, um unser Glück und unsere Unabhängigkeit selbst zu be-WIRKEN.

„Der Mensch ist geboren worden, um sich selbst zu folgen." (Ruth Willis)

„Unabhängigkeit ist Macht." (Prentice Mulford)

Sagen wir uns: „Ich bin ein lebender Auftrag und mein Auftrag ist ein superschönes Leben!!!" Wie viele Menschen sind ins Grab gegangen, ohne ihre „eigene Musik" je gespielt zu haben? Das sollten wir anders machen, findest Du nicht auch!? Bereichern wir die Welt und das Leben mit unserer Anwesenheit, lieber Leser – und das geht nur dann, wenn wir glücklich sind. Und das wiederum geht nur, wenn wir Herr unserer Gedanken und Gefühle sind. Der Moment, in dem wir selbst bestimmen, was wir glauben, ist der Moment unseres wirklichen Lebensanfangs. Also fangen wir damit an, das Denken und Fühlen in die eigenen Hände zu nehmen. Sagen wir uns jeden Tag: „Wir dürfen wieder selbst denken."

„Denken Sie selbst, sonst tun es andere für Sie." (Vince Ebert)

Man kann das „Selbstbestimmen der inneren Überzeugungen" auch als persönliche Entwicklung betrachten. Stellen wir uns dazu einmal vor, dass wir mit einem ultralangen Band eingewickelt sind. Das Band steht für fremde Meinungen, Sichtweisen aus den Medien, den vorherrschenden Zeitgeist, den religiösen Glauben, den Traditionen und Weltbildern unseres Kulturkreises, die uns ein Leben lang immer mehr und mehr „gefangen genommen" haben. Nun wickeln wir uns da langsam heraus bzw. wir ent-WICKELN uns. Jede Umdrehung, mit der wir uns auswickeln, bringt uns immer näher zu uns selbst, wir ent-DECKEN unser wahres Selbst. So einfach, so wahr. Dabei handelt es sich um einen Prozess, der richtig Spaß machen und mittels Hypnose schnell und leicht vonstatten gehen kann. Lasse Dich auch einfach mal darauf ein, auch wenn Du es zuvor noch nie gemacht hast.

„Wer etwas haben möchte, das er noch nie hatte, wird wohl etwas tun müssen, das er noch niemals tat." (Antoine de Saint-Exupéry)

Ich bin dank des Hilfsmittels Hypnose quasi „wachgeküsst" worden und seitdem ein freudestrahlender Freidenker. Und dabei halte ich mir stets vor Augen: **„Was mir gut tut, tut allen Menschen gut. Was für mich ein Segen ist, ist für jedermann ein Segen.** Je WUNDER-voller mein Leben, umso WUNDER-voller wird die Welt." Ich gehorche meinem inneren „Glückskompass".

„Wer sich selber nicht gehorcht, wird von anderen befohlen." (Friedrich Nietzsche)

Das Leben selbst ist eine großartige Chance und kann voller Wunder sein (im Grunde gibt es eigentlich gar keine Wunder, da es sich bei Wundern einfach nur um die Anwendung bestimmter Naturgesetze handelt, die Ergebnisse möglich machen, welche uns dann wie Wunder vorkommen).

„Wunder geschehen nicht im Widerspruch zur Natur, sondern im Widerspruch zu dem, was wir über die Natur wissen." (Augustinus)

Wenn wir von Wundern sprechen, denken manche von uns womöglich an einen Magier mit Zauberstab, der a la Harry Potter aus dem Nichts manifestiert. Wenn es bei uns länger dauert mit dem Manifestieren gewünschter Lebensumstände, dann ist das kein Anlass, enttäuscht zu sein. Denken wir dabei nur Mal an unsere Geburt. Da trifft ein Spermium auf die Eizelle und zu diesem Zeitpunkt erscheint es geradezu unvorstellbar, dass daraus ein Mensch entsteht, der heranwächst, eines Tages durch die Welt reist, eine Partnerschaft eingeht, eine Familie gründet und vieles mehr bewirkt. Wir alle sind lebendige, menschliche Wunder und können viel WUNDER-volles bewirken!!!

Einst sagte jemand, dass es drei Arten von Menschen gibt:

1. jene, die etwas bewirken,
2. jene, die den Geschehnissen zusehen und
3. jene, die sich wundern, was geschehen ist.

Mein Bestreben war es immer, zu jenen zu gehören, die bewusst etwas bewirken und sich nicht zur Marionette schädlicher Glaubenssätze und einschränkender Weltbilder machen, die ihm Tag für Tag anordnen, wie man zu leben hat. In MEINEM Leben will ICH die Fäden in der Hand halten. Machen wir uns nie abhängig von den Wegen, die andere für sich gewählt haben, machen wir uns stattdessen unsere eigene Wahrheit, werden wir wieder WIR SELBST (so wie wir es zu Beginn unseres Lebens waren).

„Ständig, wo immer Du bist, erinnere Dich Deiner selbst." (George Gurdjieff)

„Das Schlimmste ist, wenn man sich selbst vergisst." (Konfuzius)

Entledigen wir uns der Schichten der Konditionierungen, die uns unfrei gemacht haben, befreien wir uns von allen Etiketten und seien wir ein FREIER MENSCH. Unter diesen Schichten, tief in uns drin, liegt unser natürliches Selbst und seine Natur sind Freiheit und Unabhängigkeit!!! Frei sind wir erst, wenn wir ein freies Bewusstsein haben. Und wie wir das schaffen, wissen wir ja jetzt. Die hierbei wichtige Frage lautet: Worin liegt die Essenz von Wissen? Die Antwort darauf ist: In seiner Verinnerlichung, die so gewaltig ist, dass aus ihr seine Umsetzung erfolgt. Es ist unnütz, wenn man zig Bücher liest, zig Seminare besucht und sich zig DVDs ansieht, aber nie praktische Erfahrungen macht. Das soll aber nicht bedeuten, dass die Theorie unwichtiger als die Praxis ist. Beides ist wichtig, denn Theorie und Praxis ergänzen sich. Es ist so ähnlich wie bei einer Raupe, bevor sie zum Schmetterling wird. Die Aufgabe der Raupe (Larve) besteht darin, so viel Nahrung wie möglich in sich aufzunehmen, damit die nächste Phase, das Leben als

Schmetterling, überhaupt erst möglich wird. Hat sie genug Energie angesammelt bzw. haben wir genug Wissen verinnerlicht, beginnt das Abenteuer „UMSETZUNG DES WISSENS". Solange das nicht der Fall ist, wissen wir nicht wirklich, sondern wir nehmen nur an, wir wüssten. Deshalb setzen wir unser THEORETISCHES Wissen in PRAKTISCHE Handlungen um. Machen wir aus neuen Gedanken und Gefühlen auch neue Taten. Wenn ich ein Buch lese, dann wende ich das darin enthaltene, mir nützliche Wissen nicht nur kurz an, sondern kontinuierlich und beständig, bis es mir in Fleisch und Blut übergegangen ist.

Wir warten oft auf irgendein Zeichen vom Leben, um endlich unsere vier Buchstaben hoch zu bekommen und etwas zu unternehmen (glaube nicht, dass es mir manchmal nicht genau so geht, lieber Leser ☺). Das ist schon eine Ironie, denn das Leben wiederum wartet auf UNS, dass WIR etwas unternehmen. Das Leben ist wie ein Spiegel und kann nur das nachmachen, was wir vormachen. Merken wir uns das bitte: Leben ist das, was WIR SELBST daraus machen. Man könnte auch sagen: WIR SIND das Leben.

„Sie können niemanden anstellen, damit er Ihre Liegestütze für Sie macht." (Jim Rohn)

Warten wir nicht auf den perfekten Zeitpunkt, auf die Genehmigung von anderen Menschen, auf ein günstiges Horoskop, darauf, dass uns jemand entdeckt oder auf schöneres Wetter. Wenn wir wirklich etwas WOLLEN, dann werden wir JETZT aktiv, dann legen wir jetzt voller Freude und Tatendrang los, koste es, was es wolle!!!

„Fange jetzt zu leben an und zähle jeden Tag als ein Leben für sich." (Seneca)

„Jeder Tag, jeder Augenblick ist von unendlichem Wert, denn er ist der Repräsentant der Ewigkeit." (Goethe)

Wenn ich etwas wirklich von Herzen WILL, dann TUE ich es. Ich lasse mich nicht abschrecken von vorübergehenden Rückschlägen (das wäre ja noch schöner ☺). Stattdessen sage ich mir: „Goran, packe es an, hier und heute, jetzt und sofort!"

„Wenn Du es wirklich tun willst, tust Du es. Es gibt keine Ausreden." (Bruche Nauman)

Viele Menschen sagen zwar, dass sie etwas WOLLEN, geben aber oft bereits bei der ersten Hürde auf.

Eines Tages zog es Sam plötzlich unwiderstehlich in die weite, freie Welt. Er packte die Dinge ein, die man in der Freiheit braucht und ging in hastigen Schritten aus dem Haus. Als er die Straßenbahn verpasste, kehrte er um. (Unbekannt)

„Es sind gerade die Inkonsequenzen, die die größten Konsequenzen haben." (Andre Gide)

Alles, womit wir uns nur kurz auseinandersetzen oder nur ab und zu, wird auch nur kurz oder eben nur ab und zu wirken. Es kann keinen großen Output geben, wenn nur ein kleiner Input erfolgte. Wer in seinem Leben etwas verändern will, muss aktiv und ausdauernd sein - denn von nichts kommt nichts! Und soll ich Dir diesbezüglich etwas verraten? Ausdauer haben wir alle, denn sonst könnten wir heute weder lesen, noch schreiben, noch gehen. Ausdauer ist eines der wichtigsten Wesensmerkmale erfolgreicher Menschen. Geben wir nie auf, sondern zeigen dem Universum, wie ernst es uns mit unserem Herzenswunsch ist. Halte Dich an diese goldene Regel und Du wirst das Glück erleben, welches ich auch erlebte.

„*Es besteht ein Unterschied, ob Sie an etwas nur interessiert sind oder ob es Ihnen wirklich am Herzen liegt. Wenn Sie an etwas nur interessiert sind, dann tun Sie es so lange, wie es Ihnen angenehm ist. Liegt Ihnen aber wirklich etwas am Herzen, dann akzeptieren Sie keine Entschuldigungen, sondern nur Resultate.*" (Ken Blanchard)

ICH tue gerne etwas für die Erweiterung meines Weltbildes, denn das sind mir meine geistige Freiheit und mein Lebensglück wert!!!

„*Wahrlich, täglich erneuere Dich.*" (Konfuzius)

Wenn ich mir etwas vorgenommen habe, dann ist das beschlossene Sache, die Entscheidung ist gefällt, es besteht kein Diskussionsbedarf mehr, denn dann habe ich einen Vertrag mit mir selbst und es gibt kein „Ja, aber…." Ich lebe mein Leben dann so, dass die entsprechende Wunschschwingung entsteht und mein Wunschleben stetig realisiert. Und irgendwann werden wir bei beständigem Umsetzen unserer neuen Glaubenssätze wieder eine Transformation durchmachen und (sinnbildlich gesehen) von der Raupe, die sich am Boden bewegt, zu einem Schmetterling werden, der sich in die Lüfte erhebt.

Verfallen wir auch nie dem Irrglauben, dass wir zu wenig Zeit im Leben haben, um uns unserem persönlichen Glück zu widmen. Als Gott die Zeit schuf, hat er davon mehr als genug geschaffen. Es ist an der Zeit, dass wir damit beginnen, uns diese Zeit für unser Glück zu nehmen (sie kommt nämlich nicht von alleine).

„Sage nie, Du hättest zu wenig Zeit. Du hast genau so viele Stunden pro Tag zur Verfügung, wie Michelangelo, Albert Einstein oder Leonardo da Vinci sie gehabt haben." (Unbekannt)

„Jeder Augenblick, den Du gut nutzt, ist ein Schatz, den Du gewinnst." (Don Bosco)

Setzen wir uns aber auch nie unter Druck, denn Druck erzeugt innere Disharmonie und damit würden wir gegen die Harmonie arbeiten. Machen wir einen Schritt nach dem anderen und freuen uns über jeden noch so kleinen „Fort-Schritt". Eine Stadt kann man nicht in wenigen Tagen bauen und das gilt auch für eine neue Denkweise. Man kann aber täglich ein paar Schritte gehen und sich dafür lobend auf die Schulter klopfen. In den buddhistischen Lehrtexten steht, dass es keine Aufgabe gibt, die sich nicht in kleine und einfache unterteilen lässt.

„Eine mächtige Flamme entsteht aus einem winzigen Funken." (Dante)

„Hab Geduld in allen Dingen, vor allem aber mit Dir selbst." (Franz v. Sales)

Ich selbst habe einiges an Zeit gebraucht, um die Prinzipien dieses Buches praktisch zu lernen. Wichtig dabei ist es, am Ball zu bleiben und frohen Mutes zu sein.

„Never, never, never give up!" (Winston Churchill)

Jeder Mensch lernt und wächst in seinem individuellen Tempo. Gönnen wir uns die erforderliche Zeit und bleiben geduldig, auch wenn wir das Gefühl haben sollten, dass es nicht schnell genug vorwärts geht. Es ist oft wie bei der Filmentwicklung in der Dunkelkammer: Erst sieht man nichts, aber dann wird es immer klarer. Alles braucht seine Zeit, so auch unsere Neuausrichtung – halten wir uns das bitte immer im Bewusstsein. Man kann auch keine

Blume dazu zwingen, vor ihrer Zeit zu erblühen. Natürlich könnten wir eine Knospe mit Gewalt öffnen, aber dadurch vernichten wir sie – und damit ist niemandem geholfen.

„Du kannst noch so lange an der Olive zupfen, sie wird deshalb nicht früher reif." (Sprichwort aus der Toskana)

Ein „Meister des Lebens" (jemand, der sein Leben bewusst erschafft) meistert die anfängliche Ungeduld und irgendwann passt alles zusammen, ist alles stimmig und ganzheitlich. Wir erlangen nach und nach Wissen und ein freies Denken, welches uns aufwachen und uns unsere wahren Fähigkeiten erkennen lässt. Und lassen wir uns nie von Widerständen verunsichern, die übrigens bei JEDEM Veränderungsprozess auftauchen. Sie waren schon lange da, nur waren wir bislang noch nie so nahe an unsere Grenzen gegangen und haben sie deshalb zuvor nie bemerkt. Man sagt nicht ohne Grund: Wer in den Himmel strebt, der wird dies ohne jeden Zweifel erreichen – oder mit genau dem konfrontiert, das diesem Ansinnen im Wege steht. Das ist ein Bestandteil des Lebens (unbewusst streben wir alle in den Himmel). Machen wir uns dabei klar, dass keine Hürde auf unserem Weg ein echtes Hindernis ist, sondern eine Lernchance, eine Gelegenheit, um über uns selbst hinauszuwachsen. Jeder Stolperstein ist in Wirklichkeit ein Sprungbrett, das uns auf höhere Ebenen befördern kann. Einen Menschen, der sich von dem unbändigen Wunsch nach wahrem Glück führen lässt, kann nichts aufhalten. Und schon gar keine Angst vor „Fehlern" (nennen wir sie lieber „Erfahrungen"), denn wer welche begeht, kann aus ihnen lernen.

„Ich behaupte ein einfaches Individuum zu sein und Fehler zu machen wie jeder andere Sterbliche auch. Ich habe genug Bescheidenheit, um meine Fehler zuzugeben und meine Schritte zu überdenken." (Mahatma Gandhi)

Wir können anhand unserer Lebensumstände immer genau sehen, wo wir uns im Leben befinden. Nehmen wir unser Dasein nicht als gegeben hin, sondern übernehmen wir die Regie im eigenen Leben, nehmen wir das Heft in die eigenen Hände, werden wir wieder Herr im eigenen Hause (in einem schönen, gemütlichen und vor allem selbst eingerichteten Haus). Es ist UNSER Haus bzw. UNSER LEBEN und wir haben alle das Recht, es auf unsere ureigenste Art und Weise zu leben. Es ist unser selbstverständliches und naturgegebenes Recht, es uns so richtig gut gehen zu lassen. Tun wir es oder lassen wir es – aber versuchen wir es nicht nur. Nehmen wir uns ab heute vor, dass wir alles, was wir verwirklichen wollen, in dem Glauben angehen, dass es hundertprozentig nach Wunsch läuft, dass es klappt, dass wir es schaffen! Wenn wir es nur versuchen, kann es misslingen, weil jeder Versuch den Zweifel ans Gelingen in sich beherbergt. Und Zweifel sind eine Schwingung, die sich verwirklicht. Also versuchen wir nicht nur, zögern und zaudern wir nicht, sondern tun wir es. TUN WIR ES HIER UND JETZT!!!

„Jeder Mensch ist dazu berufen, in seinem Rahmen, mit seinen ihm eigenen Fähigkeiten etwas Wunderbares zu dieser Welt beizutragen. Gib Dich erst zufrieden, wenn Deine Sehnsucht lächelt. Pflege den Traum, bis seine Botschaft sich wandelt. Übe Dein Talent, bis Du es geworden bist. Versuche es nicht, tu es!" (Leo Zillinger)

„Denken und handeln Sie, als wäre es unmöglich zu versagen." (Charles F. Kettering)

Wenn wir glücklich sein wollen, dann lassen wir das los, was wir nicht sind, um zu sein, wer wir sind. Dieser Prozess ist wie ein „Nach-Hause-Kommen", wir finden uns selbst, kehren an den (geistigen) Ort zurück, von dem aus unser Lebensabenteuer begann, an dem noch keine einschränkenden Glaubenssätze in uns waren. Dann können wir sagen: „Hallo Lebensglück, da bin ich. Wo ich so lange war? Ich wurde aufgehalten von einschränkenden Glaubenssystemen in mir. Doch das ist nun Vergangenheit und ich habe mein Potenzial frei gelegt." Und eines ist gewiss: Wenn wir uns und unser wahres Potenzial erkennen, werden wir lieben, was wir sind!!! Machen wir uns dieses Geschenk, lieber Leser, leben wir WAHR-haftig, seien wir einfach ein wenig mehr WIR SELBST und entscheiden uns für uns!!!

„Sein, was wir sind, und werden, was wir werden können, das ist das Ziel des Lebens." (Baruch de Spinoza)

„Das Große ist nicht, dies oder das zu sein, sondern man selbst zu sein." (Sören Kierkegaard)

„Wenn Du etwas erreichen willst, musst Du Dich selbst erst erreichen." (Unbekannt)

„Der Sinn unseres Lebens ereignet sich, wenn wir unser Leben leben und uns weigern, eine Kopie zu werden." (Pierre Stutz)

Vergessen wir auch niemals, dass die einzigen Grenzen im Leben diejenigen sind, die wir als solche akzeptieren. Schauen wir nicht immerzu auf die Erde, erheben wir unseren Blick in den grenzenlosen Himmel und die Sterne. Es gibt keine Grenzen, wir leben schließlich in einem grenzenlosen Universum.

"Es gibt keine Grenzen. Weder für Gedanken, noch für Gefühle. Es ist die Angst, die immer Grenzen setzt." (Ingmar Bergman)

Es gibt keine Mauer, die nicht irgendwo und irgendwie umgangen werden kann. Also worauf warten wir dann noch? Let' s rock!!!! Verwirklichen wir unsere Wünsche und tun es konsequent, mit Freude und Selbstautorität. Und wer mag, kann all die einengenden Glaubenssätze, die uns von uns selbst trennen, mit (Selbst-)Hypnose auflösen. Ich habe auf der Suche nach Möglichkeiten der Persönlichkeitsentwicklung zahllose Seminare besucht, etliche Länder besucht, mit unzähligen Menschen aus allen möglichen Bereichen darüber diskutiert, in mir selbst inneren Hausputz betrieben und ich kann die Hypnose jedem aus eigener Erfahrung nur wärmstens empfehlen. Natürlich kann man auch große Fortschritte erzielen ohne Hypnose (z.B. durch Affirmationen oder Visualisierungen), aber ich persönlich musste bezüglich mancher Glaubenssätze mehr in die Tiefe gehen und Hypnose erwies sich dabei als eines der besten Hilfsmittel. Mir hat Hypnose ganz neue Einflussmöglichkeiten auf das Spiel des Lebens eröffnet. Und die Lebensfreude, die dabei eintrat, möchte ich nicht mehr missen.

Es kann passieren, lieber Leser, dass Du aufgrund positiver Erfahrungen nie mehr auf andere Art und Weise versuchen wirst, Deinen Glauben auf Deine Wünsche auszurichten. Und sobald das geschafft ist, fliegt Dir das Glück ganz von alleine zu, denn in diesem Zustand schwingst Du in vollkommener Harmonie und brauchst Dich gar nicht anzustrengen, um Dein Leben nach Deinen Wünschen zu gestalten. Ich für meinen Teil bin sehr dankbar für meine heutige Weltanschauung und meine derzeitigen Glaubensmuster.

Lieber Leser, ich freue mich auf Deinen Erfolg und wünsche Dir viiiieeeel Spaß dabei (der ist nicht nur erlaubt, ooooh nein, er ist absolut erwünscht, gesund, ultrawichtig und sollte niemals fehlen ☺). Durch den Spaß entsteht eine innere Disziplin bzw. harmonische Entschlossenheit in uns, die nichts mit „müssen" oder Pflichtgefühlen zu tun hat, sondern die ganz von alleine entsteht und uns innerlich erstrahlen lässt wie die Sonne. Legen wir noch heute los!!!

"Gib jedem Tag die Chance, der schönste Deines Lebens zu werden." (Mark Twain)

Neben Hypnose findest Du weitere Hilfsmittel und Tipps für ein glückliches und freies Leben auf meiner Webseite:

www.gorankikic.de

Hoppla, das Ende des Buches ist erreicht. Also dann, lieber Leser, auf bald und mögen sich alle Deine Wünsche erfüllen!!! Genieße den neuen Weg, den Du eingeschlagen hast und freue Dich auf das Leben, welches Du Dir nun erschaffst.

Herzlichst

Goran

www.gorankikic.de
www.spiritunlimited.de

(PS: Wir „sehen" uns im nächsten glücklichen Taschenbuch ☺).

Quellenverzeichnis:

Das Gesetz der Anziehung (Michael J. Losier)

The law of attraction (Jerry und Esther Hicks)

Das Tor zu vollkommenem Glück (Deepak Chopra)

Die "what the bleep"-Geschichte (Barbara Singer)

Trau Dich einfach zu entspannen (Terwitte)

Hypnose, das Praxisbuch (Mike Butzbach)

Mentaltraining (K. Tepperwein)

Mentaltraining im Sport (Christian Sterr)

Die Macht Ihres Unterbewusstseins (J. Murphy)

2012 und das Gesetz der Anziehung (Ludwig von Erlenbach)

Das Gesetz der Anziehung und das Ego (Ruth Willis)

Die Arbeit mit Glaubenssätzen (K. Grochowiak & S. Haag)

www.zitate.net

Buchautor, Mentalcoach & LOA-Experte

Goran Kikic, Jahrgang 1975, ist Bestsellerautor, Mentaltrainer, LOA-Coach, Mitbegründer der Interview-Plattform **Spirit Unlimited** und Seminarleiter. Er befasst sich seit Jahren intensiv mit den Themen **Gesetz der Anziehung** (LOA), Hypnose, Yoga, Meditationstechniken, Visualisierungen, Affirmationen, Feng Shui und vielem mehr. Durch die konsequente Anwendung des **Gesetzes der Anziehung** veränderte er sein Leben von Grund auf und gibt sein Wissen in Buch- und CD-Form, sowie in Telefon-Coachings und Seminaren weiter. 2009 erschien das erste Buch aus seiner erfolgreichen, stetig wachsenden Buchreihe **"Das glückliche Taschenbuch"**. 2011 folgten seine Subliminal-CDs **"Die glückliche CD"**.

www.gorankikic.de

Seine Interview-Plattform „**SPIRIT UNLIMITED**", welche sich mit den Themen GLÜCK, GESUNDHEIT, PARTNERSCHAFT, SPIRITUALITÄT und vielem mehr befasst, konnte zahlreiche bekannte Persönlichkeiten wie z.B. Dieter Broers, Manfred Mohr, Robert Betz und Pierre Franckh als Interviewpartner gewinnen.

Das **SPIRIT UNLIMITED**-Team besteht neben Goran Kikic aus Christian Reiland, Ines Donath, Alexander Nastasi, Peter Breidenbach und Heidi Wellmann.

www.spiritunlimited.de

Die glücklichen Taschenbücher von Goran Kikic

Das glückliche Taschenbuch – Warum Wünschen kein Märchen ist

Das große Wunsch - Universalbuch.
Mit wirksamen Affirmationen, tollen Erfahrungsberichten aus dem Leben des Autors, originellen Wunschmethoden, Hypnosetechniken und wertvollen Lebenstipps.

ISBN-10: 3837037304

Das glückliche Taschenbuch - 100 Wege zur Wunscherfüllung

Das effektive Übungsbuch mit 100 (!!!) verschiedenen und wirkungsvollen Wunschtechniken, die sich alle leicht im Alltag einsetzen lassen und unser Leben positiv beeinflussen.

ISBN-10: 3839110858

Das glückliche Taschenbuch grandioser Wunscherfolge

Motivierende Erfahrungsberichte, die zeigen, dass bewusstes Wünschen wirklich funktioniert.

Das mitreißende Motivationsbuch mit euphorischen Erfahrungsberichten und daraus gewonnenen, nützlichen Erkenntnissen, die zeigen, dass alle unsere Wünsche erfüllbar sind.

ISBN-10: 3839125448

Das glückliche Taschenbuch der Wunsch – Glaubenssätze

An was wir glauben, wird kinderleicht wahr.

Das unersetzliche Selbstcoaching-Buch, mit dem man sabotierende Überzeugungen durch positive und glücksbejahende Glaubenssätze ersetzt, so dass unser Wunschleben endlich beginnen kann.

ISBN-10: 3839168589

Das glückliche Taschenbuch wunderbarer Zweisamkeit

Wie Liebesglück gelingt – vom Wunsch zur Wirklichkeit

Das liebevolle und warmherzige Ratgeber-Buch voller hilfreicher Tipps und gelebter Praxis für eine erfüllte Partnerschaft und dauerhaftes Liebesglück.

ISBN-10: 3842325304

Das glückliche Taschenbuch – Intuition und Wünschen

Deine innere Stimme als Wegweiser zum Wunsch-Leben

Das ganzheitliche Hilfsbuch zur systematischen Stärkung intuitiver Wahrnehmung vor dem Hintergrund des bewussten Wünschens. Dieses Buch ist für jeden geschrieben, der sich mithilfe seiner Intuition sein Wunschleben erschaffen will bzw. sein heutiges Lebensglück noch steigern will.

ISBN-10: 9783842332232

Erhältlich im Buchhandel, bei Amazon und anderen Online-Shops

Die glücklichen CDs von Goran Kikic

Die Subliminal-CDs zur Buchreihe „Das glückliche Taschenbuch"

In Zusammenarbeit mit dem Hypnotherapie Gesundheitszentrum, das sich auf die Produktion von effektiven und hochwirksamen Hypnose- und Subliminal-CDs spezialisiert hat, und Mitglied der "Internationalen Gesellschaft zur Förderung der Hypnose (IGFH)" ist, hat Goran Kikic "Die glücklichen CDs" produziert. Die CDs enthalten wirkungsvolle, subliminale Botschaften, welche für das menschliche Ohr nicht hörbar sind und auf das Unterbewusstsein einwirken. Psychologisches Wissen um die Wirksamkeit der Arbeit mit dem Unbewussten und jahrelange Erfahrung aus der Hypnosetherapie fließen in die glücklichen CDs ein, so dass man mit einer optimalen Wirkung rechnen kann.

Vertrieben werden die CDs vom Hypnotherapie Gesundheitszentrum, das seit Jahren die Wirkungsweisen hypnotischer Interventionen und psychologischer Sprachmuster auf den Menschen erforscht.

Die glückliche CD der Wunscherfüllung

Programmiere Dein Unterbewusst-sein auf die Erfüllung Deiner Wünsche! Dein Unterbewusstsein wird durch positive, subliminale Affirmationen auf Wunscherfüllung trainiert. Probiere es aus, Du wirst begeistert sein.

Die glückliche CD der Entspannung

Lasse Deinen Alltag einmal komplett hinter Dir und entspanne Dich mit dieser wunderbaren CD. Tanke neue Kraft, gönne Deinem Körper und Geist einen "Kurzurlaub" und empfange dabei positive, subliminale Botschaften zur Festigung Deiner Wunschgedanken.

Erhältlich bei: http://www.mbt-workshop.de/

Hypnose – Das Praxisbuch (Mike Butzbach)
Dieses Buch beschreibt wirksame Hypnoseinduktionen, Blitzhypnose und Vertiefungstechniken für Hypnoseanwender. Dabei wird bewusst auf zu viel Therapie verzichtet. Klare Beschreibungen, Demonstrationen, Übungsskripte, Suggestionsvorlagen und Tipps und Tricks aus der Erfahrung des Autors ermöglichen dem Leser aus der Erfahrung des Autors ermöglichen dem Leser einen schnellen und leichten Einstieg in der Praxis. Das echte Praxisbuch: Lesen – ausprobieren – experimentieren.
ISBN-10: 3837028070

Das Gesetz der Anziehung und das Ego (Ruth Willis)

Was unsere Wünsche daran hindert, in Erfüllung zu gehen

Wer wirklich an seinem Lebensglück und erfolgreichen Wunscherfüllungen interessiert ist, der kommt um die Arbeit an seinem EGO nicht herum. Dieses Buch enthält wertvolle Lebenstipps und Meditationsübungen, die eine bewusste Lebensweise und somit die Auflösung des Egos fördern, sowie wichtige Hinweise auf alltägliche Ego-Fallen, die unsere Wunschschwingung blockieren und somit keine Wunscherfüllungen zulassen. Das Gelesene in die Tat umsetzen, bedeutet, sein Ego zu transformieren und seinem wahren Wesen den Weg frei zu machen in ein glückliches und authentisches Leben.

2012 und das Gesetz der Anziehung (Ludwig von Erlenbach)

Wie bereitet man sich auf das Jahr 2012 vor, für das globale Veränderungen und Umbrüche vorausgesagt werden? Die Antwort lautet: Mit bewusster Gedankenausrichtung, denn Gedanken wirken schöpferisch und ziehen das an, was ihnen gleich ist. Autor Ludwig von Erlenbach bringt das Thema 2012 auf den Punkt und hebt hervor: ES GIBT KEINEN GRUND ZUR SORGE. 2012 ist die perfekte Gelegenheit, uns das Leben zu erschaffen, welches wir uns schon immer gewünscht haben.
ISBN-10: 3837099105
www.vonerlenbach.de

EFT – Klopfakupressur für Körper, Seele und Geist
Arkana Verlag München 2006, 396 Seiten mit Lehr-DVD

Migräne, Gelenkschmerzen und Ängste lassen sich mit den EFT-Techniken auflösen. Auch bei Stress, Leistungsblockaden, Süchten, Schlafstörungen und Tinnitus, ja sogar bei Allergien hat EFT erstaunliche Erfolge aufzuweisen. Der EFT-Trainer Christian Reiland gibt hier eine umfassende Anleitung, wie Sie diese energetische Heilmethode zur Selbstbehandlung einsetzen. Anhand des reich bebilderten Buches und der beiliegenden Lehr-DVD sind die Energiebahnen und Klopfpunkte auf dem Körper zweifelsfrei zu finden und die Anwendung leicht zu erlernen. (Quelle: Buchumschlag Rückseite)

LOA – Das Gesetz der Anziehung
Das Lebensspiel um Wohlstand, Gesundheit und Glück
Arkana Verlag München 2008, 288 Seiten mit CD

Das »Gesetz der Anziehung« besagt, dass wir stets die Dinge in unser Leben ziehen, mit denen wir uns in Resonanz befinden. Positives Denken, Fühlen und inspiriertes Handeln sind dabei, laut Christian Reiland, die Schlüssel, um letztendlich das zu manifestieren, was wir wirklich wollen. Mit Hilfe seines »Acht-Schritte-Prozesses« hast nun auch Du die Möglichkeit, Wünsche wahr werden zu lassen, ob nun im Bereich Gesundheit, Karriere, Geld, Beziehung oder Partnerschaft.
Die beiliegende CD wird Dich bei diesem »Spiel« tatkräftig unterstützen.

Lass los und finde das Glück in dir
Arkana Verlag München 2010, 320 Seiten mit CD

Eine Reise zum Ursprung unserer inneren Kraft
Unter der Vorannahme, dass wir alle unser Glück **in** uns tragen, geht es folglich darum dieses zu befreien um es letztendlich zu finden. Diesbezüglich bietet Dir dieses Buch ein erprobtes Programm, dessen oberstes Ziel eine (Wieder-) Verbindung mit Deiner »Inneren Kraft«, Deinem ureigenen Potential ist. Glücklich(er) sein ist nur eine der vielen positiven »Nebenwirkungen« dieser »Reise«, bei der auch die »Klopfakupressur« eine wichtige Rolle spielt. Die beiliegende CD wird Dir den Weg sicherlich erleichtern.

www.christianreiland.de

Das Tor zum Bewusstsein: Ein philosophisches Stargate mit multidimensionalen Gedichten (Olivera von Engelleben)

„Wie viele Gänge zu Heilpraktikern, Heilern, metaphysischen Beratern oder Schamanen habt ihr vielleicht schon aufgesucht und dennoch sind viele Fragen und Bedürfnisse auf der Strecke geblieben? Brennt der Wunsch auf Eurer Seele, die eigene Realität zu steuern und der Selbstheiler eigener Defizite zu sein? Genau dafür habe ich dieses Werk geschaffen! Die auf der Heiligen Geometrie basierenden Bilder der beiden Künstler untermalen die Worte und aktivieren die Freisetzung der bereichernden Energien. Mit Freude lade ich euch ein jetzt einzutauchen und wünsche euch dabei viel Spaß und neue Erkenntnisse. Eure Olivera von Engelleben."

ISBN-10: 3842361610

Begeistert Euch (Alexander Nastasi, Julia Nastasi)

Das Buch eines „Widerstandskämpfers", in dem es um Empörung geht, war für den Heidelberger Autor Alexander Nastasi der Anlass, zu zeigen, dass Ärger, Frust, Empörung und Proteste in den wenigsten Fällen das bewirken, was gewünscht ist. Ihm geht es um Begeisterung - für das Leben, die Liebe, das Schöne. Und begeistern kann man sich, wenn man ein wenig achtsam durch das Leben geht, für sehr vieles - sogar für Gestank, wie er auf amüsante Weise beschreibt. Das Buch ist exklusiv in der Kindle Edition erschienen und auf jedem PC / Laptop / Smartphone und natürlich E-Book Reader verfügbar.

ASIN: B005HYL5D0

Aufbruch ins Goldene Zeitalter: Was kommt nach 2012? (Siegfried Trebuch, Gaby Teroerde)

Dieses Buch besteht aus Dialogen mit Wesenheiten der geistigen Ebenen wie zum Beispiel Kuthumi, Serapis Bey, El Morya, Franz von Assisi, Leonardo da Vinci, Jesus, Erzengel Metatron und einigen Sternengeschwistern. Auf 324 Seiten in 25 Kapiteln beschreiben sie den Entwicklungsweg der Menschheit und des Planeten im Verlauf der nächsten Jahre und vermitteln eine Vision der Erde, wie sie in wenigen Jahrzehnten Wirklichkeit sein könnte. Wir alle sind aufgerufen, bei der Verwirklichung einer lebenswerten, glücklichen und strahlenden Zukunft mitzuwirken.

ISBN-10: 3942500167